古地図で歩く大阪 歴史探訪ガイド

ペンハウス 著

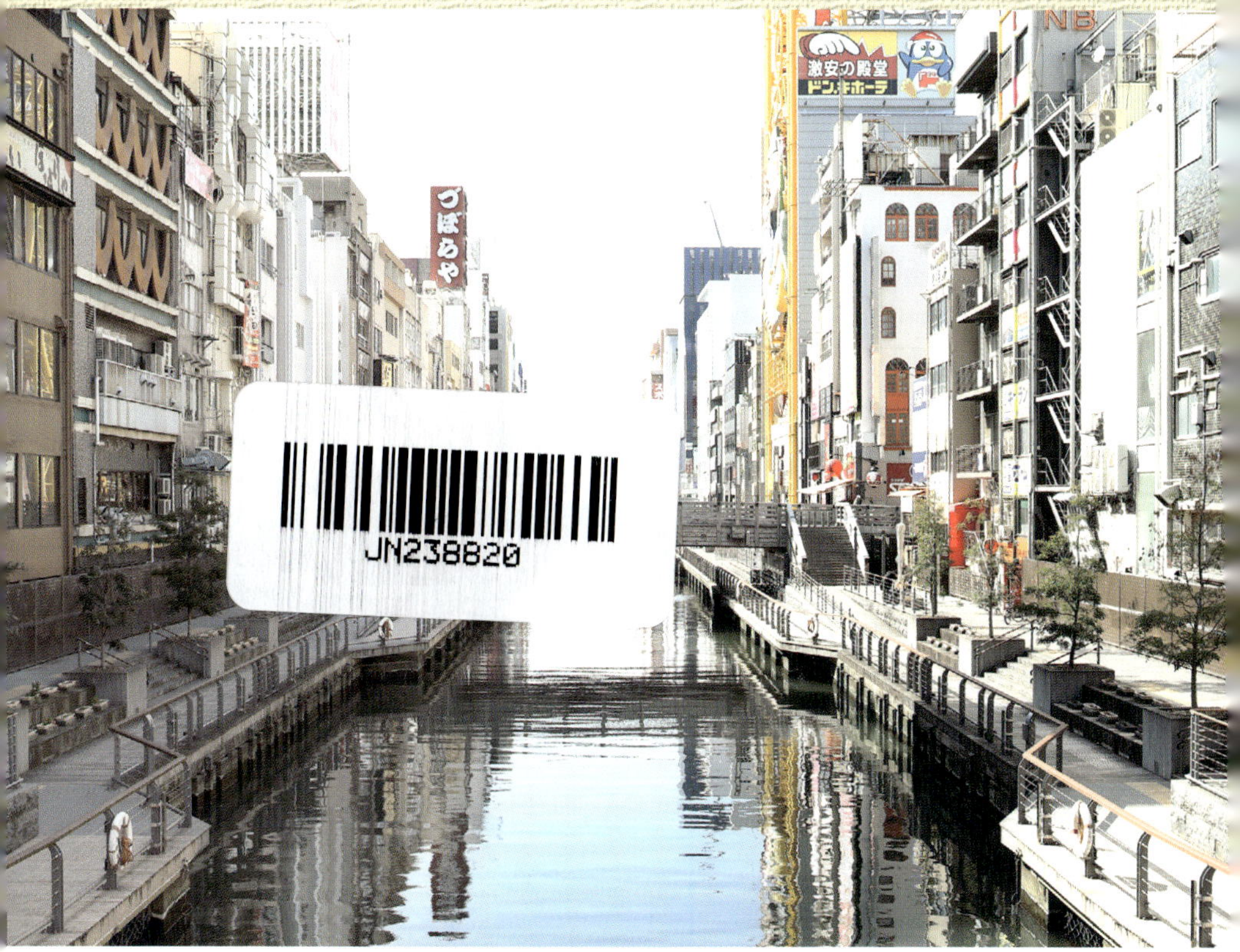

メイツ出版

大阪中心部MAP

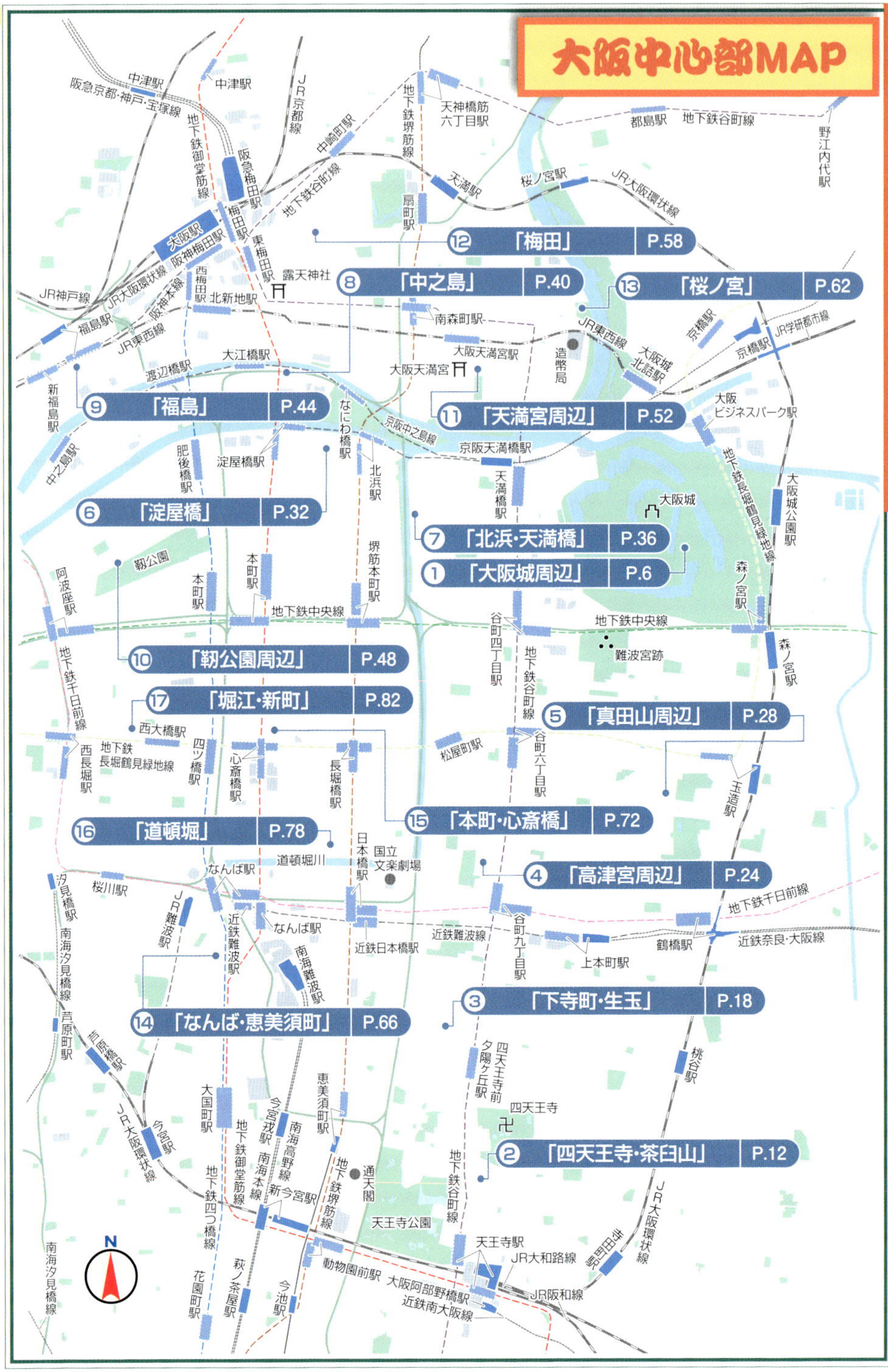

⑫ 「梅田」 P.58
⑧ 「中之島」 P.40
⑬ 「桜ノ宮」 P.62
⑨ 「福島」 P.44
⑪ 「天満宮周辺」 P.52
⑥ 「淀屋橋」 P.32
⑦ 「北浜・天満橋」 P.36
① 「大阪城周辺」 P.6
⑩ 「靭公園周辺」 P.48
⑰ 「堀江・新町」 P.82
⑤ 「真田山周辺」 P.28
⑮ 「本町・心斎橋」 P.72
⑯ 「道頓堀」 P.78
④ 「高津宮周辺」 P.24
③ 「下寺町・生玉」 P.18
⑭ 「なんば・恵美須町」 P.66
② 「四天王寺・茶臼山」 P.12
中津駅
阪急京都・神戸・宝塚線
中津駅
地下鉄御堂筋線
JR京都線
中崎町駅
地下鉄谷町線
地下鉄堺筋線
天神橋筋六丁目駅
都島駅
地下鉄谷町線
野江内代駅
阪急梅田駅
梅田駅
大阪駅
阪神梅田駅
東梅田駅
天満駅
扇町駅
桜ノ宮駅
JR大阪環状線
露天神社
西梅田駅
北新地駅
JR神戸線
JR大阪環状線
阪神本線
福島駅
JR東西線
南森町駅
大阪天満宮駅
大阪天満宮
造幣局
JR東西線
京橋駅
京橋駅
JR学研都市線
大阪城北詰駅
新福島駅
渡辺橋駅
大江橋駅
なにわ橋駅
京阪中之島線
大阪ビジネスパーク駅
中之島駅
肥後橋駅
淀屋橋駅
北浜駅
京阪天満橋駅
天満橋駅
地下鉄長堀鶴見緑地線
大阪城公園駅
大阪城
靭公園
阿波座駅
本町駅
本町駅
堺筋本町駅
森ノ宮駅
地下鉄中央線
地下鉄中央線
谷町四丁目駅
難波宮跡
森ノ宮駅
地下鉄千日前線
地下鉄谷町線
西大橋駅
地下鉄長堀鶴見緑地線
西長堀駅
四ツ橋駅
心斎橋駅
長堀橋駅
松屋町駅
谷町六丁目駅
玉造駅
道頓堀川
日本橋駅
国立文楽劇場
汐見橋駅
桜川駅
なんば駅
JR難波駅
近鉄難波駅
なんば駅
近鉄日本橋駅
近鉄難波線
谷町九丁目駅
上本町駅
鶴橋駅
地下鉄千日前線
近鉄奈良・大阪線
南海汐見橋線
南海難波駅
芦原町駅
芦原橋駅
夕陽ヶ丘駅
四天王寺前
桃谷駅
四天王寺
大国町駅
今宮戎駅
恵美須町駅
南海高野線
JR大阪環状線
今宮駅
地下鉄御堂筋線
南海本線
地下鉄堺筋線
通天閣
地下鉄谷町線
新今宮駅
天王寺公園
地下鉄四つ橋線
天王寺駅
JR大和路線
寺田町駅
JR大阪環状線
動物園前駅
大阪阿部野橋駅
近鉄南大阪線
JR阪和線
花園町駅
萩ノ茶屋駅
今池駅
南海汐見橋線
N

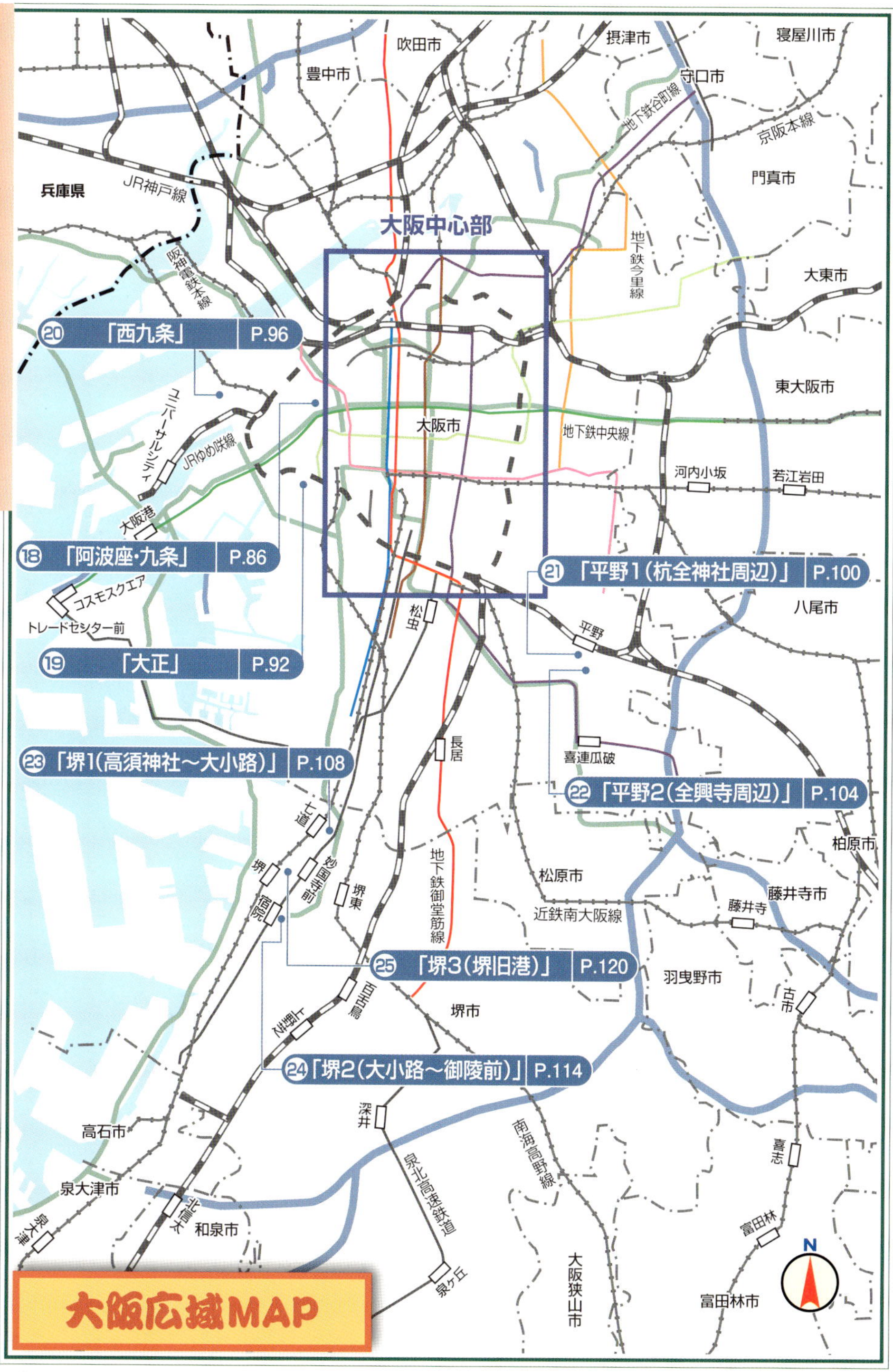
吹田市
摂津市
寝屋川市
豊中市
守口市
地下鉄谷町線
京阪本線
兵庫県
JR神戸線
門真市
大阪中心部
阪神電鉄本線
地下鉄今里線
大東市
⑳「西九条」P.96
ユニバーサルシティ
JRゆめ咲線
東大阪市
大阪市
地下鉄中央線
河内小坂
若江岩田
大阪港
⑱「阿波座・九条」P.86
㉑「平野1（杭全神社周辺）」P.100
コスモスクエア
松虫
八尾市
トレードセンター前
平野
⑲「大正」P.92
長居
喜連瓜破
㉓「堺1(高須神社～大小路)」P.108
㉒「平野2（全興寺周辺）」P.104
七道
柏原市
堺
妙国寺前
地下鉄御堂筋線
松原市
藤井寺市
堺東
宿院
近鉄南大阪線
藤井寺
㉕「堺3（堺旧港）」P.120
羽曳野市
百舌鳥
古市
上野芝
堺市
㉔「堺2（大小路～御陵前）」P.114
深井
高石市
南海高野線
喜志
泉北高速鉄道
泉大津市
北信太
和泉市
泉大津
富田林
泉ケ丘
大阪狭山市
富田林市
N
大阪広域MAP

古地図で歩く大阪 歴史探訪ガイド

目次

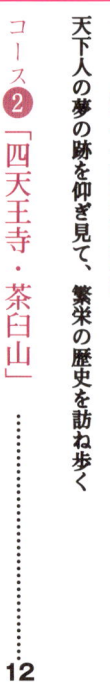

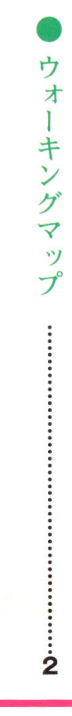

| コース ⑯ 「道頓堀」 大阪を象徴する賑やかな街は、今も昔も浪花文化の発信地 ... 78
| コース ⑰ 「堀江・新町」 河川に囲まれた島だったという、堀江一帯が辿った歴史を偲ぶ ... 82
| コース ⑱ 「阿波座・九条」 新田開発に安治川開削、江戸時代の事業の成果を確認 ... 86
| コース ⑲ 「大正」 盛んに新田が開発された、江戸時代のベイエリア ... 92
| コース ⑳ 「西九条」 難波八十島と呼ばれていた、多くの小島があった町 ... 96
| コース ㉑ 「平野1（杭全神社周辺）」 周囲を環濠で守られていた、大阪でもっとも古い町 ... 100
| コース ㉒ 「平野2（全興寺周辺）」 自治都市として栄えた平野郷を訪ね歩こう ... 104
| コース ㉓ 「堺1（高須神社〜大小路）」 古い町家が残る道をたどり、自治都市の歴史を感じる ... 108
| コース ㉔ 「堺2（大小路〜御陵前）」 千利休ら茶の湯ゆかりの史跡を訪ね歩く ... 114
| コース ㉕ 「堺3（堺旧港）」 時代とともに姿を変えた堺の港を探訪する ... 120

ご利用にあたって

● 掲載しているデータは2013年4月現在のものです。寺社の開門時間や拝観料、飲食店などの営業時間や定休日、メニュー料金などは変更される場合がありますので、必ず事前にご確認ください。
● 各エリアの冒頭のページの地図は、江戸時代に作成されたものと、同じ区域の現在の地図です。町が築いてきた歴史をより身近に感じるため、両者を見比べながら散策してみましょう。
● 各物件紹介ページでは、番号順には並んでおりませんのでご了承ください。
● スポット間の移動時間はコースに沿って歩いた時間です。歩く速度などは個人差があるので、あくまでも目安とお考えください。
● モデルコースの「所要時間」は歩行時間に加え、参拝や見学などの時間を含めたものです。スポットの規模などにより異なりますが、原則として参拝や見学は10〜60分、公園などの散策は10分ぐらいと考えています。ただし、昼食や休憩時間は含んでいません。
● 各スポットの拝観料などは大人料金のみを記載しています。子どもや高齢者などの利用料金や割引料金などについては省略しています。また、飲食店などのメニュー料金は原則的に消費税を含めた金額を記載していますが、サービス料や席料などが別途加算される場合があります。ご利用の際は事前にご確認ください。
● 定休日については基本的な休日のみを記載。お盆や年末年始の休み、臨時休業については省略しています。

コース①

大阪城周辺《おおさかじょうしゅうへん》

文久三年（一八六三）『改正増補国宝大阪全図』

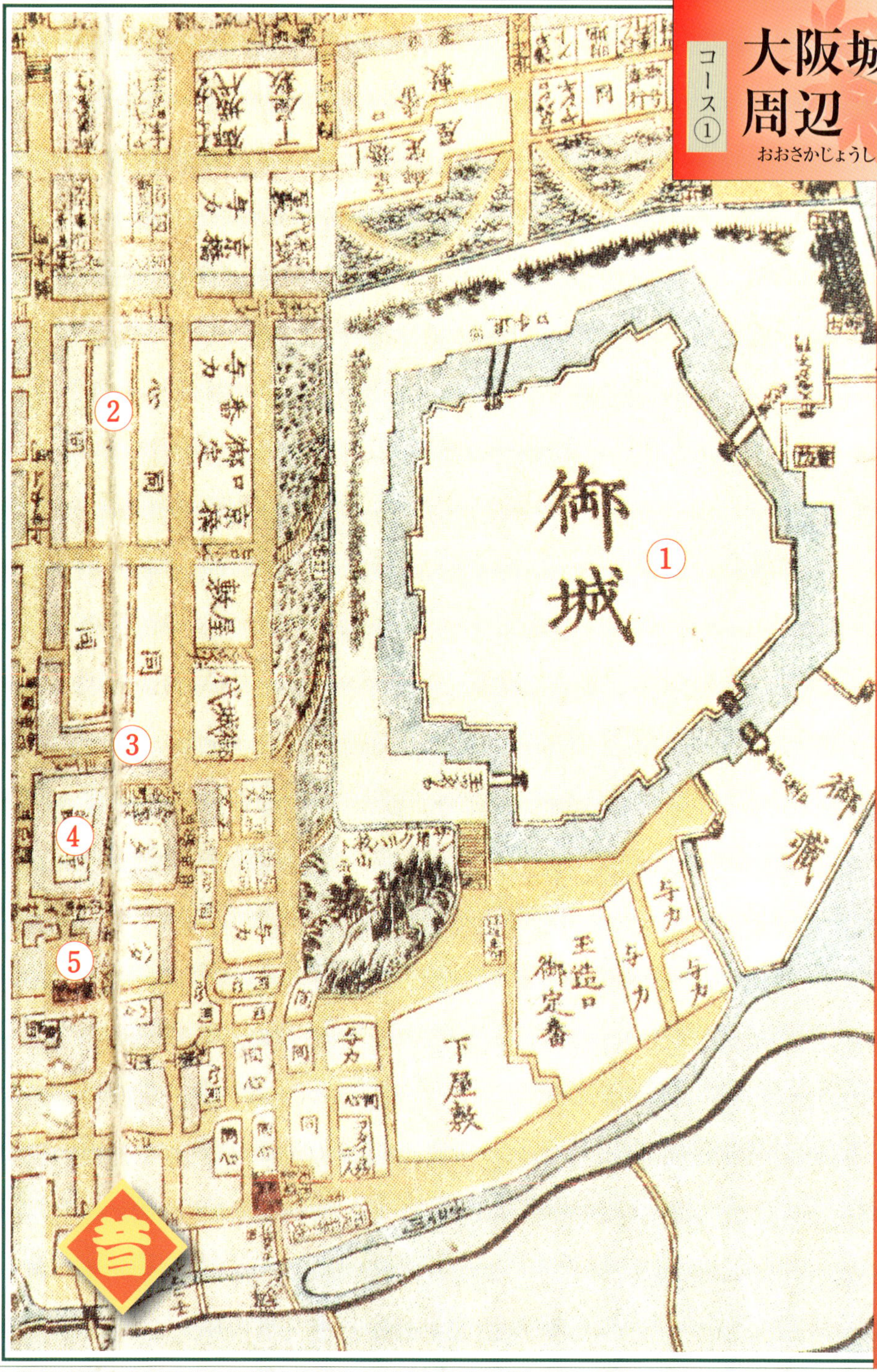

大阪都市協会『大阪古地図集成』（大阪市立図書館所蔵）

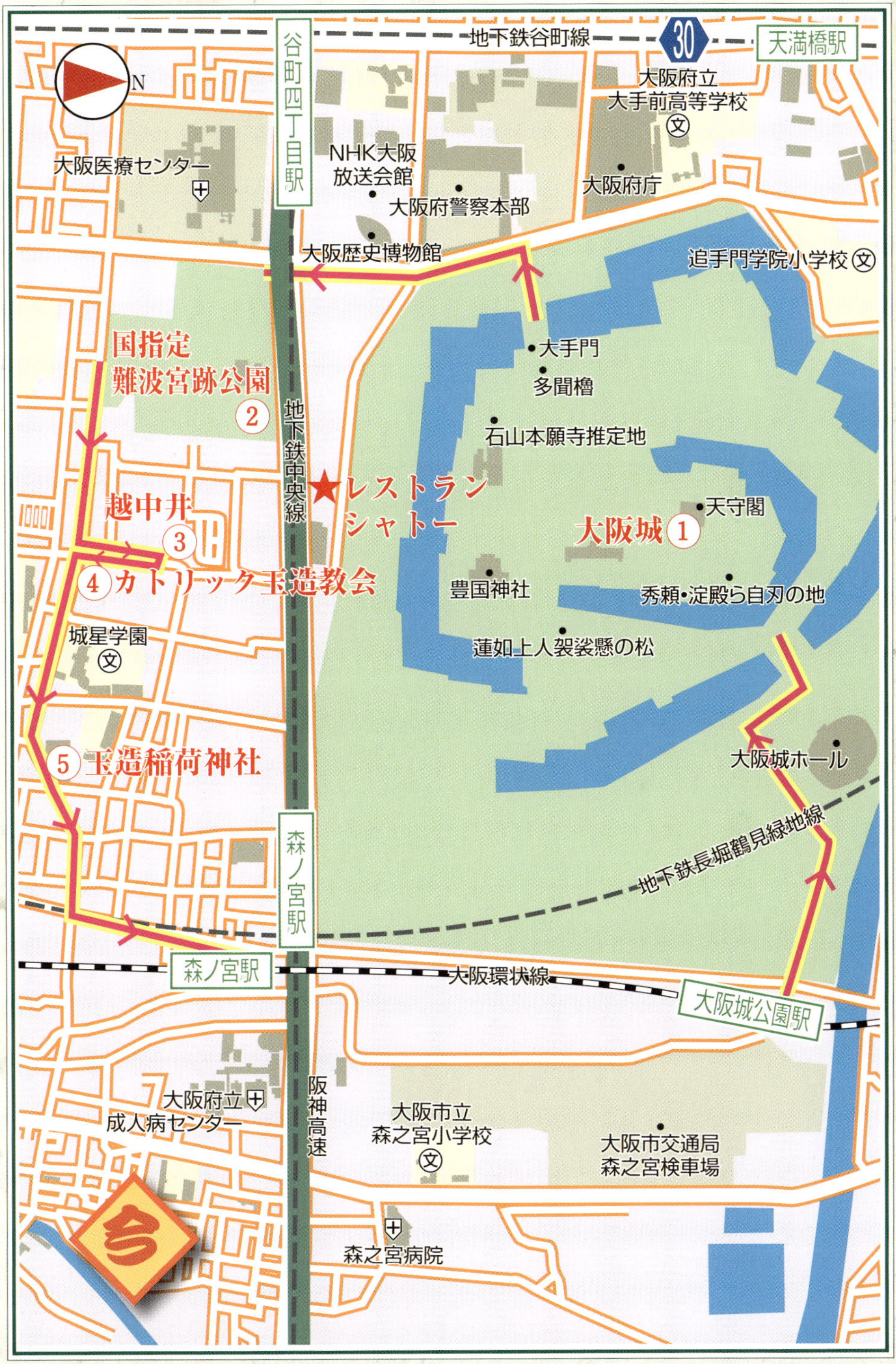

地下鉄谷町線
30
天満橋駅
N
谷町四丁目駅
大阪府立
大手前高等学校
NHK大阪
放送会館
大阪医療センター
大阪府警察本部
大阪府庁
大阪歴史博物館
追手門学院小学校
国指定
難波宮跡公園
2
大手門
多聞櫓
石山本願寺推定地
地下鉄中央線
レストラン
シャトー
天守閣
越中井
3
大阪城
1
4
カトリック玉造教会
豊国神社
秀頼・淀殿ら自刃の地
城星学園
蓮如上人袈裟懸の松
5
玉造稲荷神社
大阪城ホール
地下鉄長堀鶴見緑地線
森ノ宮駅
森ノ宮駅
大阪環状線
大阪城公園駅
阪神高速
大阪府立
成人病センター
大阪市立
森之宮小学校
大阪市交通局
森之宮検車場
森之宮病院

大阪城周辺《おおさかじょうしゅうへん》

大阪城から玉造へ

天下人の夢の跡を仰ぎ見て 繁栄の歴史を訪ね歩く

豊臣秀吉が心血を注いで築いた大阪城は難攻不落といわれた日本を代表する名城

昔から大阪の要衝として発展してきた場所

大阪城は豊臣秀吉が大坂（石山）本願寺の跡地に築いた城。この場所は大阪でもっとも早く開発された上町台地の北端にあたり、古来より難波津や難波長柄豊碕宮が造営されるなど交易や政治の要衝だった。現在も周辺には大阪府庁や大阪府警察本部、NHK大阪放送局などがあり、大阪の中枢になっている。

また、「大坂」の地名の発祥の地でもある。もともと「大坂」

モデルコース〈所要時間〉約3時間30分

スタート JR大阪環状線「大阪城公園」駅
← 徒歩10分
① 大阪城
← 徒歩5分
② 国指定 難波宮跡公園
← 徒歩10分
③ 越中井
← 徒歩3分
④ カトリック玉造教会
← 徒歩5分
⑤ 玉造稲荷神社
← 徒歩10分
ゴール JR大阪環状線 地下鉄谷町線・長堀鶴見緑地線「森ノ宮」駅

という名はこの辺りを指していたが、秀吉による大坂築城以降、城下町が拡大・発展していくなかで周辺地域も含めて大坂と呼ばれるようになったという。

金色に輝く鯱

川面に映える大阪城の石垣と OBP のビル群

かつての大坂城の広大さを歩いて実感

現在、建っている大阪城天守閣は昭和6（1931）年に再建された鉄筋コンクリート造りの復興天守。豊臣秀吉が築いた大坂城は大坂の陣で焼失し、その後、徳川幕府が盛り土をして再築したため、現在見られる石垣などはすべて徳川時代の遺構だ。

威風堂々とそびえる大阪城天守閣は大阪のシンボル

天守閣周辺に立つ「豊臣秀頼、淀殿ら自刃の地」の碑や、「石山本願寺の推定地」の碑などが、城の興亡の歴史を今に伝えている。また、一説には豊臣時代の大坂城は今よりも広大で玉造稲荷神社の辺りも三の丸だった。周辺には各大名の屋敷があり、現在カトリック玉造教会が建っている場所には、かつて細川忠興の屋敷があったとされている。

難波宮跡公園の大極殿跡。天皇が国の公式行事を行う際に使用したという

多聞櫓

大手門

蛸石

① 大阪城
●おおさかじょう

明智光秀を破り天下人への道を歩み始めた豊臣秀吉が天下統一の拠点として築いた巨城。金城または錦城とも呼ばれる。賤ヶ岳の合戦後の天正11(1583)年9月から築城を開始し、死去の翌年、慶長4(1599)年まで工事は続けられていた。秀吉自身は後に建てた京都の聚楽第や伏見城を居城としたが、秀吉死後、秀頼は伏見城から大坂城に入り生涯居城とした。

秀吉の築いた大坂城は4重の堀によって守られており難攻不落ともいわれたが、大坂冬の陣後に本丸周囲の堀を除く3重の堀を埋められたため夏の陣であえなく落城した。その後、徳川幕府が盛り土をして秀吉の大坂城を完全に埋めた上に再築。当初は天守もあったが、寛文5(1665)年の落雷で焼失した。現在の天守は昭和6(1931)年に全額市民の寄付金で復興されたもの。内部は歴史博物館になっていて、大坂城や豊臣秀吉に関する資料などが展示されている。

大阪市中央区大阪城1-1／TEL 06-6941-3044／城内自由(天守閣は9:00～17:00、無休、入館料600円)

石山本願寺推定地

豊臣秀頼淀殿ら自刃の地

蓮如上人袈裟懸の松

④カトリック玉造教会

●カトリックたまつくりきょうかい

明治27（1894）年に建立されたカトリック教会。初代の聖堂は戦災で焼失。現在の大聖堂は昭和38（1963）年に建てられたもので、大阪大司教の司教座が置かれている。また、この辺りに細川忠興の屋敷があったとされ、大聖堂前にはキリシタンだった細川ガラシア夫人と、キリシタン大名の高山右近の石像が建てられている。

大阪市中央区玉造 2-24-22 ／ TEL 06-6941-2332 ／建物見学自由

③越中井

●えっちゅうい

この辺りは細川越中守忠興の屋敷跡で、古くから越中井はその邸内の台所にあったものだといわれている。関ヶ原の合戦前に石田三成らに攻められ、亡くなった忠興の夫人、ガラシア（玉子）の徳を偲んだ地元の人たちよって碑が建てられた。

大阪市中央区森の宮中央 2-12 ／見学自由

ひとやすみ レストラン シャトー

●レストラン シャトー

ランチは1500円～

大阪城公園の隣に建つホテルの 12 階にあるレストラン。窓からは大阪城の天守閣と公園の緑が望める。

大阪市中央区馬場町 2-24　KKR ホテル大阪12F ／ TEL.06-6941-6557 ／ 7:00 ～ 10:00（LO9:30）、11:30 ～ 15:00（LO14:30）、17:30 ～ 22:00（LO21:00）／無休

②国指定 史跡難波宮跡

●くにしてい しせきなにわのみやあと

大化の改新後に孝徳天皇が遷都した難波長柄豊崎宮（前期難波宮）と、聖武天皇時代の後期難波宮跡の一部が公園として開放されている。宮跡そのものは北側の大阪歴史博物館や NHK 大阪放送会館の一部にも広がっている。難波宮跡が発掘確認されたのは戦後になってからで、江戸時代には与力・同心の屋敷があったとされている。

大阪市中央区法円坂 1 ／ TEL 06-6943-6836（難波宮調査事務所）／入園自由

⑤玉造稲荷神社

●たまつくりいなりじんじゃ

豊臣時代の大坂城の三の丸にあり、豊臣・徳川時代を通じ「大坂城の鎮守神」として崇敬された神社。古くは蘇我氏と物部氏の戦いの際にこの地に布陣した聖徳太子が戦勝を祈願し観音堂を建てたという伝承が残っている。江戸時代には、当時流行したお伊勢参りの伊勢街道出発点として多くの人で賑わいを見せた場所でもあったと伝わる。

大阪市中央区玉造 2-3-8 ／ TEL 06-6941-3821 ／参拝自由

四天王寺《してんのうじ》・茶臼山《ちゃうすやま》

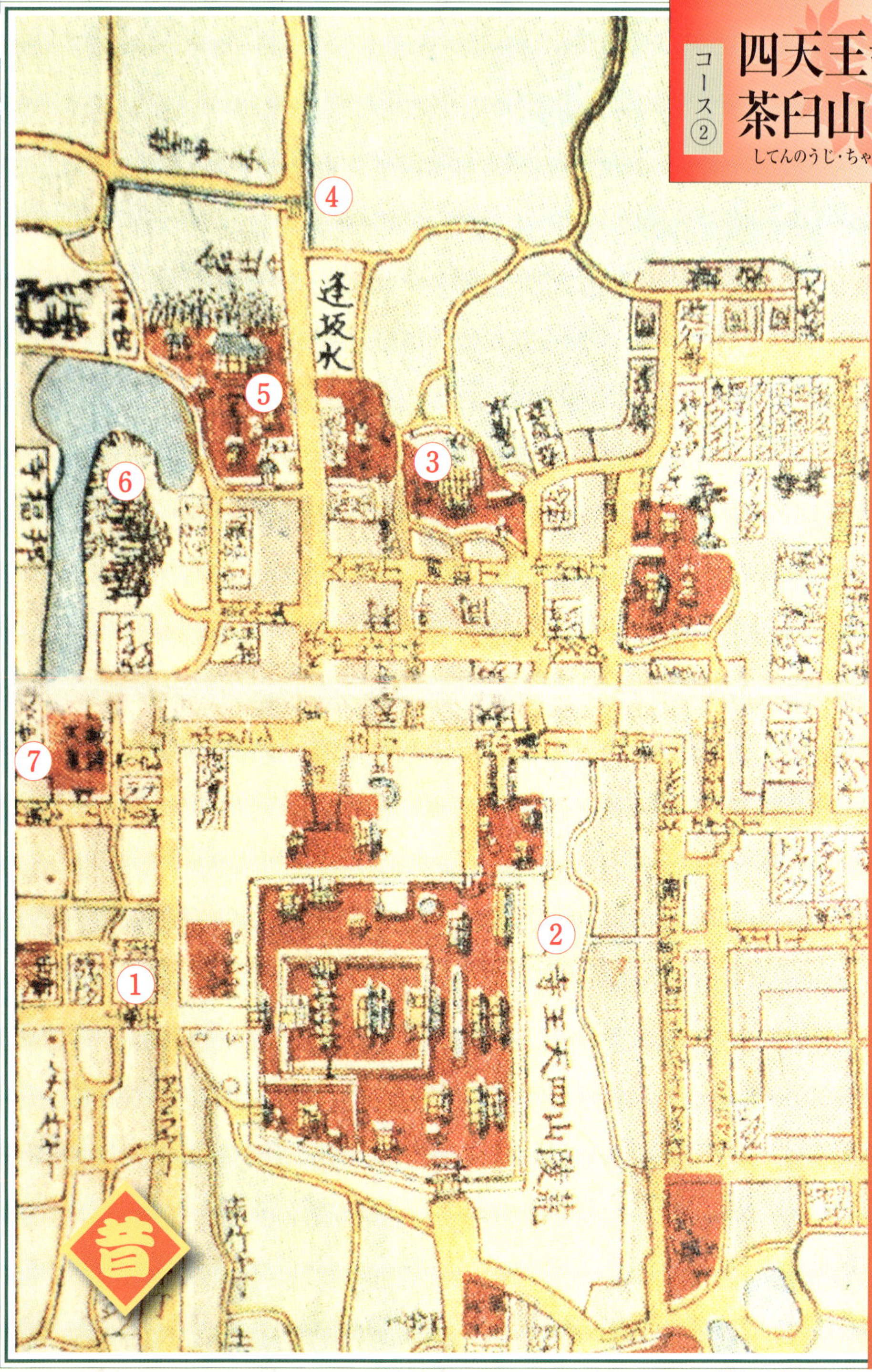

文久三年（一八六三）『改正増補国宝大阪全図』

大阪都市協会『大阪古地図集成』（大阪市立図書館所蔵）

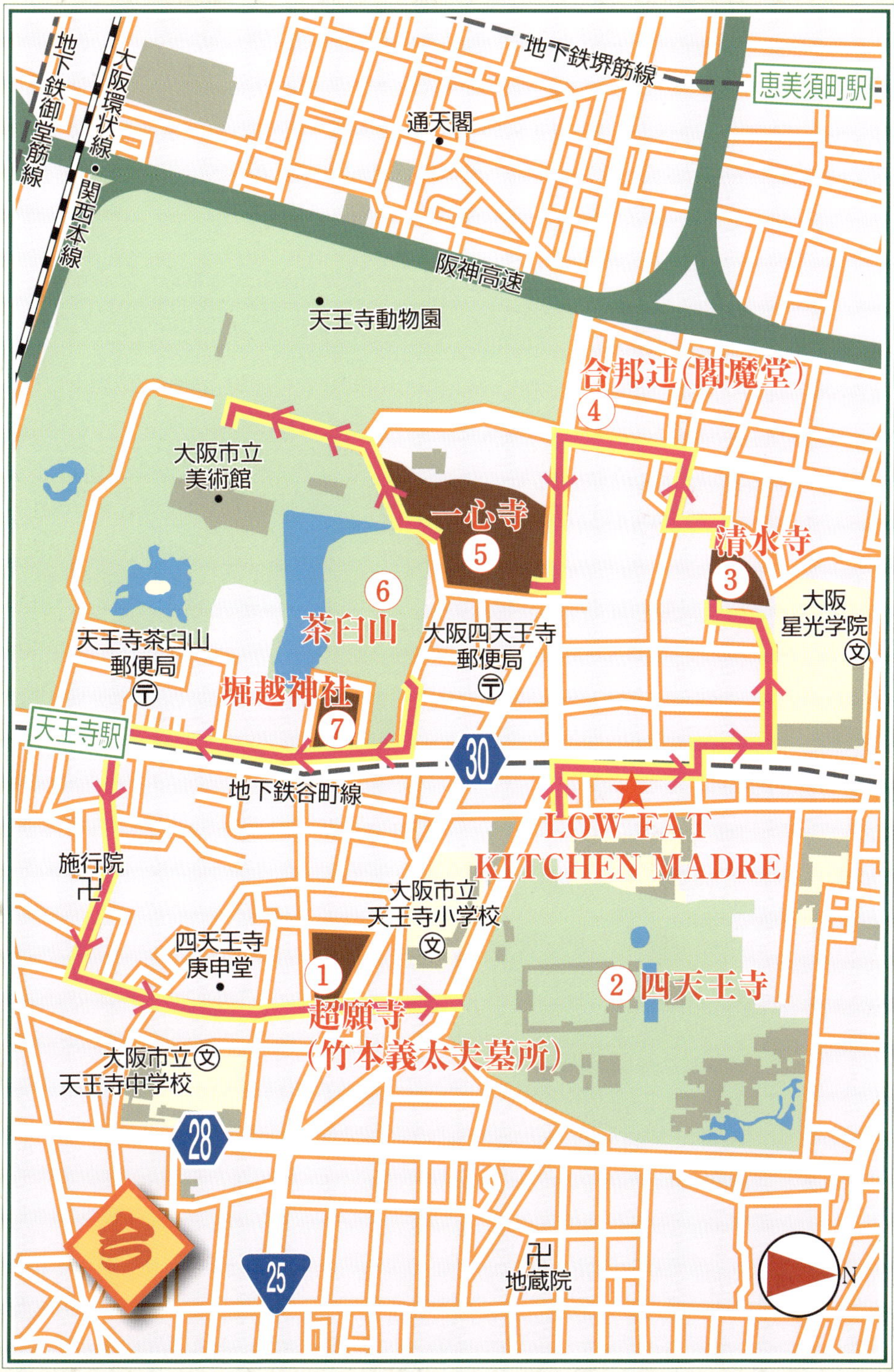
地下鉄御堂筋線
大阪環状線・関西本線
地下鉄堺筋線
恵美須町駅
通天閣
阪神高速
天王寺動物園
合邦辻(閻魔堂)
4
大阪市立
美術館
一心寺
5
清水寺
3
大阪
星光学院
6
茶臼山
天王寺茶臼山
郵便局
大阪四天王寺
郵便局
堀越神社
7
天王寺駅
30
地下鉄谷町線
LOW FAT
KITCHEN MADRE
施行院
大阪市立
天王寺小学校
四天王寺
庚申堂
1
2 四天王寺
超願寺
(竹本義太夫墓所)
大阪市立
天王寺中学校
28
25
地蔵院
N

四天王寺・茶臼山

してんのうじ・ちゃうすやま

四天王寺から天王寺へ

日本最古の官寺である四天王寺と広大な天王寺公園周辺を歩く

日本でもっとも古い寺とされている四天王寺。いつも多くの参拝客で賑わう

天王寺の刻んだ歴史を映す四天王寺のみごとな伽藍

古図にはもちろん広い道路や動物園は見当たらないが、現代の地図と比べても大きな変化のないのが四天王寺周辺。広大な四天王寺の寺域、大坂夏の陣後に移転して形成された大阪最大の寺町、茶臼山にある河底池など、そのまま現在まで残されているからだ。

天王寺の名は四天王寺の略称として平安時代から使われ、南北朝時代以降は

四天王寺西に立つ石鳥居（重文）

モデルコース〈所要時間〉約4時間

スタート
地下鉄御堂筋線・谷町線「天王寺」駅
JR大和路線・阪和線「天王寺」駅

← 徒歩10分

1 超願寺（竹本義大夫墓所）

← 徒歩3分

2 四天王寺

← 徒歩10分

3 清水寺

← 徒歩6分

4 合邦辻（閻魔堂）

← 徒歩4分

5 一心寺

← 徒歩5分

6 茶臼山

← 徒歩3分

7 堀越神社

← 徒歩5分

ゴール
地下鉄御堂筋線・谷町線「天王寺」駅
JR大和路線・阪和線「天王寺」駅

地名として使われるようになった。甲子園球場の約3倍の広さを持つ四天王寺は、仏教の歴史だけでなく、大阪の歴史とともに焼失と再興を繰り返して今に残る貴重な場所だ。古地図にも描かれている、南北一直線の天王寺伽藍配置の威容をゆっくりと心に刻みたい。

2体の仁王尊像がそびえる一心寺の仁王門

清水寺、天神坂を通って 和気清麻呂伝説が残る茶臼山へ

四天王寺・清水寺参詣のあとは、天王寺七坂のうちのひとつ、天神坂を散策して茶臼山に向かう。途中立ち寄る合邦辻は古地図にも記載されていて、さらに、その向かいに逢坂水の文字が見える。これは天王寺七名水の一つ逢坂の清水のことで、明治以降の道路拡張で廃され、遺構が四天王寺境内の地蔵山に残されている。広大な天王寺公園の北東に茶臼山があり、その前に河底池が広がっている。通称をちゃぶ池ともいう河底池は、8世紀に和気清麻呂が大和川と河内湖の排水と水運のために、ここで上町台地の開削を試みて失敗した跡と伝わっている。茶臼山の周囲には遊歩道が整備され、池には和気清麻呂にちなんだ和気橋も架かっているので、いにしえに思いを馳せながら散策するのに最適だ。

天神坂は幅の広い石畳

摂州合邦辻の玉手を偲ぶ碑

合邦辻は明治時代に今の場所に移った

天王寺公園から西方面を望む

②四天王寺

●してんのうじ

聖徳太子建立七大寺の一つで、創建は推古天皇元（593）年。四天王寺は落雷、台風、さらには大坂冬の陣、昭和20（1945）年の大阪空襲などの戦火にも焼かれ、そのたびに再建されている。現在の伽藍は昭和38（1963）年の再建で、鉄筋コンクリート造りだが飛鳥様式を再現している。中心伽藍は中門、塔、金堂、講堂を南から北へ一直線に配置する名高い四天王寺式伽藍配置で、そのほか境内の堂塔には数多くの重要文化財が含まれている。四天王寺旧境内は国の史跡。

大阪市天王寺区四天王寺 1-11-18 ／ TEL 06-6771-0066 ／参拝自由（中心伽藍は8:30 ～ 16:30、10 ～ 3 月は～ 16:00、拝観料 300 円）

④合邦辻（閻魔堂）

●がっぽうがつじ（えんまどう）

文楽や歌舞伎の演目『摂州合邦辻』の舞台として知られる。閻魔堂は聖徳太子の開基とされ、もとは大伽藍だったという。聖徳太子と物部守屋が仏法について論じたところと伝わり、合法ヶ辻とも呼ばれる。物語の主人公俊徳丸の難病が平癒したとの故事にちなみ、病気平癒を願って参拝する人も多い。

大阪市浪速区下寺 3-16-11 ／ TEL 06-6632-2749 ／ 9:00 ～ 16:00 ／参拝自由

③清水寺

●きよみずでら

天王寺七坂の一つ清水坂の上に建つ四天王寺の支院で本尊は十一面千手観音。寺の三方は崖になっていて、西側の崖には京都の清水寺を模した舞台が造られている。南側の崖にかかる玉出の滝は大阪市内唯一の天然の滝として知られ、滝の奥の石窟は不動明王などを祀る滝の行場になっている。

大阪市天王寺区伶人町 5-8 ／ TEL 06-6779-9559 ／ 9:00 ～ 16:00 ／参拝自由

⑥ 茶臼山

●ちゃうすやま

茶臼山一帯は大坂冬の陣では徳川家康の本陣に、大坂夏の陣では真田幸村の本陣となり茶臼山の戦いの舞台となった。明治期には住友家邸宅の一部となったが、大正時代末に邸宅敷地や慶沢園とともに大阪市に寄付され天王寺公園の一部になった。その他周辺には、江戸時代中期の数少ない蔵屋敷遺構の一つでもある黒田藩屋敷の長屋門がある。

大阪市天王寺区茶臼山町 1 ／ TEL 06-6771-8401（天王寺動植物公園事務所）／9:30 ～17:00（入園は～ 16:30）／月曜休（祝日の場合は翌日）／入園料 150 円

① 超願寺（竹本義太夫墓所）

●ちょうがんじ（たけもとぎだいゆうぼしょ）

6 世紀初めに聖徳太子が創建したと伝わる古刹。義太夫節を完成し、人形浄瑠璃を大成した竹本義太夫（1651～1714）の墓所があることで名高い。義太夫は天王寺村（現在の茶臼山の堀越神社付近）に生まれたという。

大阪市天王寺区大道 1-14-1 ／ TEL 06-6771-6654 ／ 8:00 ～ 16:30 ／ 参拝自由

ひとやすみ

LOW FAT KITCHEN MADRE

●ローファットキッチン マドレ

蒸し鶏のネギショウガソース800円が人気でおすすめ

「無理なく LOW FAT（低脂肪）」をテーマにしたヘルシーメニューが売りの店で、体にやさしくバランスの良い食事が楽しめる。

大阪市天王寺区四天王寺1-14-27 植田ビル1F ／ TEL 06-6772-0078 ／ 10:00 ～19:30（日曜、祝日は～18:00）／土曜休

⑤ 一心寺

●いっしんじ

お骨佛の寺とも呼ばれる法然上人開基の寺で、大坂冬の陣では徳川家康の本陣となった。10 年ごとに、信者の遺骨で造った阿弥陀如来像を納骨堂に安置。明治 20（1887）年に安置されてから約 200万人の故人がお骨佛として鎮座する。8 代目市川団十郎の墓や戊辰戦争で戦死した東軍慰霊碑などもある。

大阪市天王寺区逢阪 2-8-69 ／ TEL 06-6771-0444 ／ 9:00 ～ 16:00 ／参拝自由

⑦ 堀越神社

●ほりこしじんじゃ

聖徳太子が四天王寺を創建した際に、叔父にあたる崇俊天皇を祭神として社殿を造営したのが始まりと伝わる。明治中期まで境内南沿いに堀があり、この堀を越えて参拝したのが名の由来だ。大阪では古くから「堀越さんは一生に一度の願いを聞いてくれる神さん」と言い伝えられている。

大阪市天王寺区茶臼山 1-8 ／ TEL 06-6771-9072 ／ 6:30 ～ 19:00 ／参拝自由

コース③

下寺町・生玉

したでらまち・いくたま

文久三年（一八六三）『改正増補国宝大阪全図』

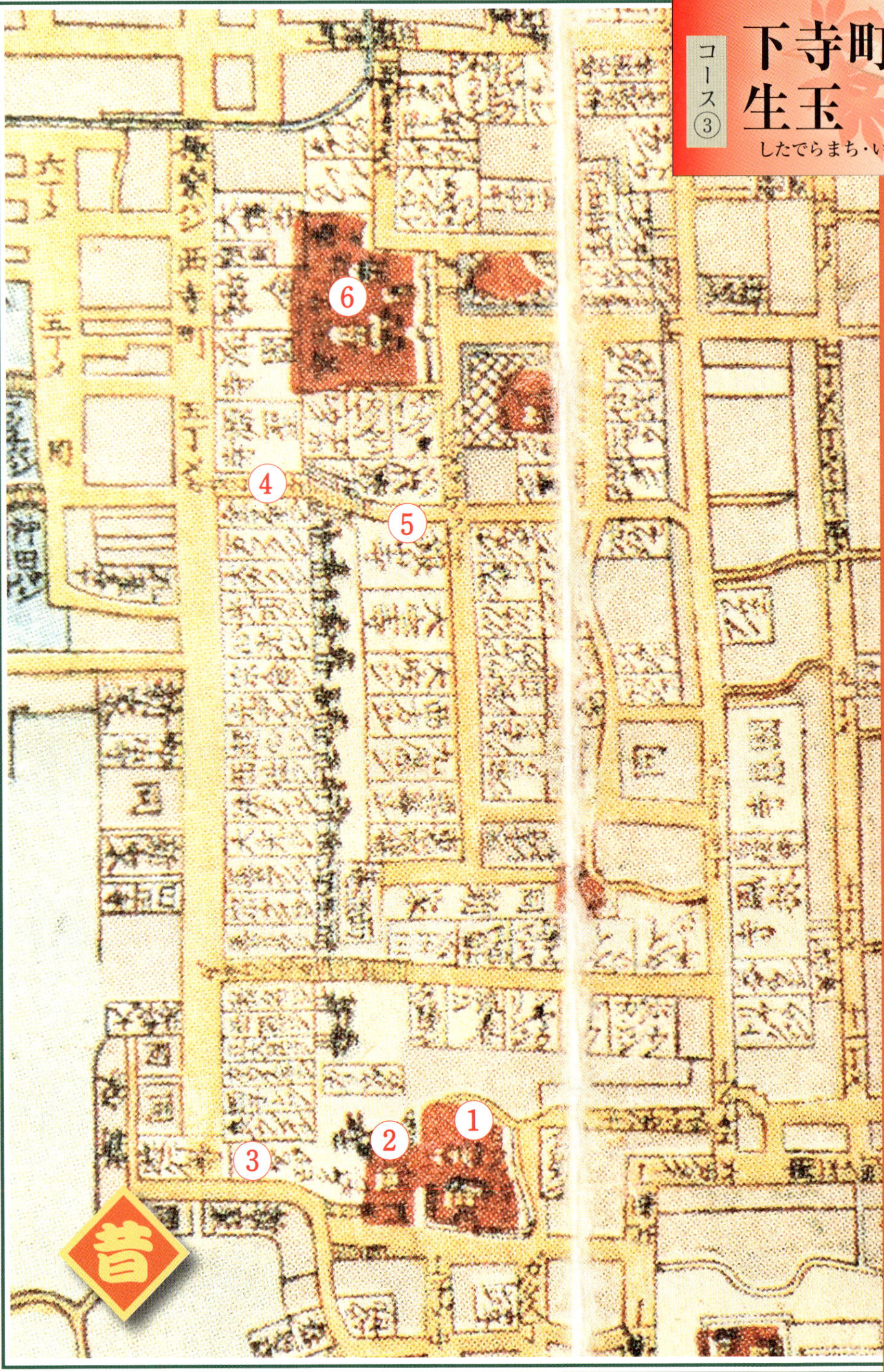

大阪都市協会『大阪古地図集成』（大阪市立図書館所蔵）

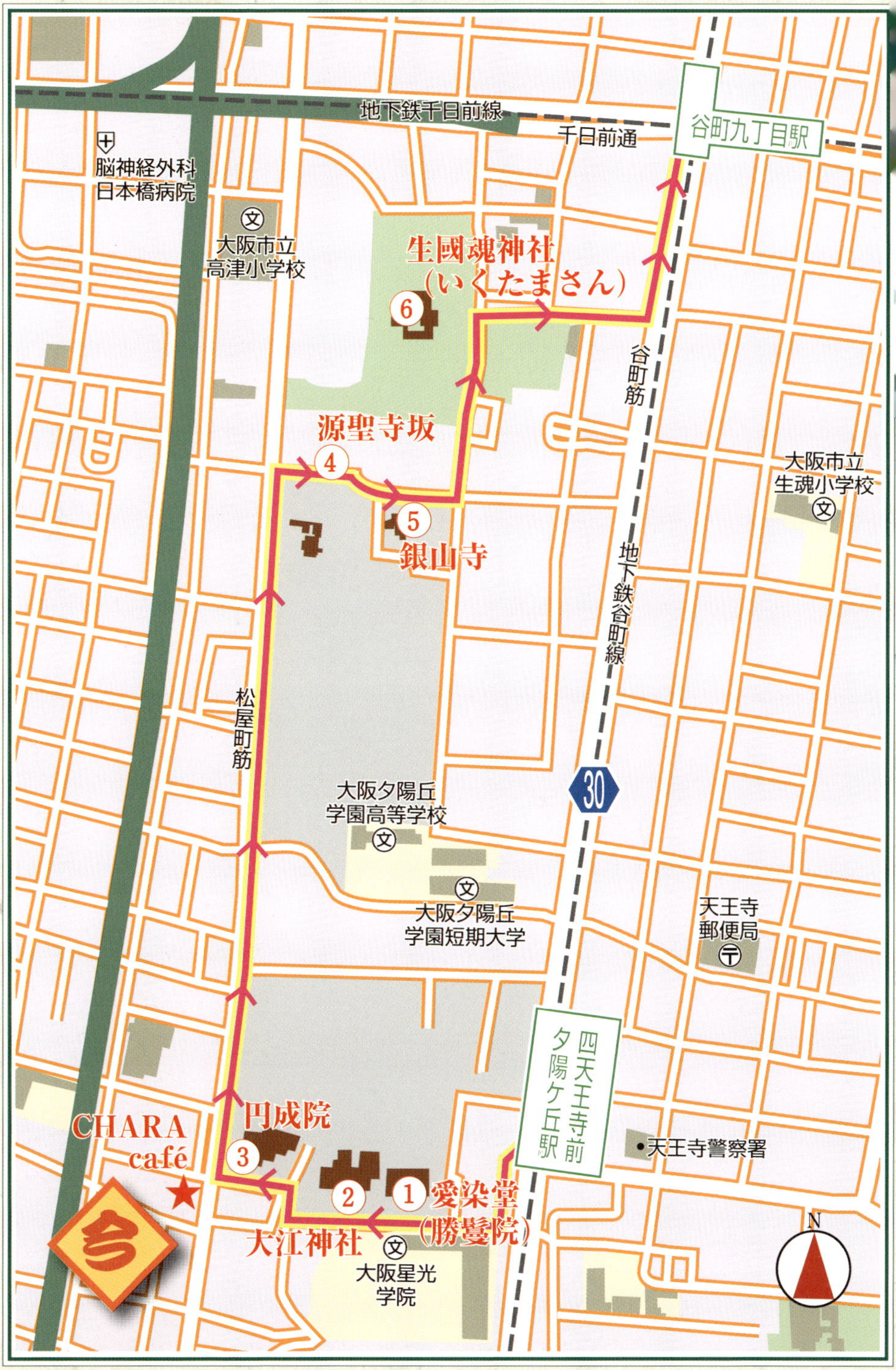
地下鉄千日前線
千日前通
谷町九丁目駅
脳神経外科
日本橋病院
大阪市立
高津小学校
生國魂神社
(いくたまさん)
6
谷町筋
源聖寺坂
4
5
銀山寺
大阪市立
生魂小学校
地下鉄谷町線
松屋町筋
30
大阪夕陽丘
学園高等学校
大阪夕陽丘
学園短期大学
天王寺
郵便局
四天王寺前
夕陽ケ丘駅
円成院
3
CHARA
café
2
1
愛染堂
(勝鬘院)
大江神社
天王寺警察署
大阪星光
学院
N

下寺町・生玉

したでらまち・いくたま

夕陽丘から生玉へ

数多くの寺院が立ち並ぶ夕陽丘界隈の町並みを歩く

秀吉によって現在地に遷った生國魂神社の社殿は「生国魂造」と呼ばれる独特の建築様式

大坂城の防衛線を担った寺院が軒を連ねる下寺町

上町台地西側に広がる夕陽丘周辺。古地図で南北にずらりと寺院が軒を連ねているのが、現在の下寺町辺りだ。下寺町は大坂の陣のあと、大坂城の唯一の弱点とされる南方の防衛線として寺院を集中させてできあがった。江戸時代には城下の庶民が郊外散策に出かける場所として賑わったとされる。明治時代の廃仏毀釈を乗り越え、現在でも下寺町1丁目はほとんどが寺院で占められているというのも感慨深い点だ。古地図の寺院と照らしあわせながら散策してみるのもおもしろい。

モデルコース〈所要時間〉約3時間30分

スタート

地下鉄谷町線「四天王寺前夕陽ケ丘」駅

← 徒歩3分

1 愛染堂（勝鬘院）

← 徒歩すぐ

2 大江神社

← 徒歩2分

3 円成院

← 徒歩11分

4 源聖寺坂

← 徒歩7分

5 銀山寺

← 徒歩4分

6 生國魂神社（いくたまさん）

← 徒歩6分

地下鉄谷町線・千日前線「谷町九丁目」駅

ゴール

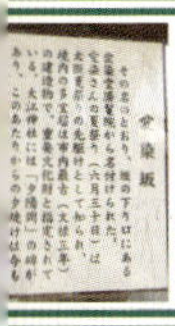

石畳の天王寺七坂は眺めの良い風情ある散策道

地下鉄四天王寺前夕陽ヶ丘駅から愛染堂はすぐ。そのすぐ近くにある坂道が天王寺七坂の一つ、愛染坂だ。天王寺七坂と呼ばれるのは、南から逢坂、天神坂、清水坂、愛染坂、口縄坂、源聖寺坂、生玉真言坂で、このエリア内にも愛染坂のほか、口縄坂、源聖寺坂がある。

寺が立ち並ぶ松屋町筋の東側は崖になっているが、これは、北の大阪城辺りから南の住吉大社付近まで延びる上町台地の西端の崖地で、天王寺七坂はこの崖地を上りあるいは下りる坂道にあたる。古地図にもところどころに坂道を表す階段のような記載が見えている。最終目的地の生國魂神社へのルートは松屋町筋をおもに歩くが、坂の入り口もあるので目的地への道筋でなくても立ち寄ってみるのも一興だ。坂の上からの眺めの良さに加え、それぞれの坂の造りも異なり、趣がある。

愛染堂に続く愛染坂

堂々とした石の鳥居は荘重な雰囲気がある

風情のある石畳が特徴の源聖寺坂

円成院にある三代目文楽軒の碑

口縄坂は下から見上げると起伏が蛇（くちなわ）にていることから命名された

①愛染堂（勝鬘院）

●あいぜんどう（しょうまんいん）

縁結び、開運祈願、商売繁盛の愛染さんと親しまれている。6世紀に聖徳太子が建立した四天王寺施薬院の跡。金堂に安置した愛染明王への信仰が広がるとともに愛染堂として知られるようになった。川口松太郎の代表作『愛染かつら』のモデルになった縁結びの霊木をはじめ、境内には、「愛染めの名水」、「腰痛封じの石」「七福神」など、ご利益のあるスポットが多数ある。豊臣秀吉が慶長2（1597）年に再建した多宝塔は大阪最古の木造建築で国の重要文化財。

大阪市天王寺区夕陽丘町5-36／TEL 06-6779-5800／9:00～16:30／参拝自由

⑤銀山寺

●ぎんざんじ

源聖寺坂を上りきった南側にある。豊臣秀吉の命で城下町建設の一環として寺町が作られたときに大福寺として創建された。のちに秀吉の命により銀山寺と改名した。秀吉の守り本尊とされる雨宝童子立像を安置し、大阪城で保存されている秀吉画像や朱印状、御召緒太（おめぶと）などが寺に伝わっている。

大阪市天王寺区生玉寺町6-26／TEL 06-6771-2702
7:00～17:00／境内散策自由

②大江神社

●おおえじんじゃ

四天王寺の鎮守、四天王寺七宮の一つで、主祭神は豊受大神など7柱。毘沙門堂前に珍しい吽形の狛虎がある。江戸時代に祀られていた毘沙門天の守護で、明治の神仏分離によって阿形の狛虎は滋賀に移されたという。平成15（2003）年に阿形を、同23年には風化していた吽形の狛虎を新しく造立した。

大阪市天王寺区夕陽丘町5-40／TEL 06-6779-8554／参拝自由

⑥生國魂神社(いくたまさん)

●いくくにたまじんじゃ(いくたまさん)

大阪の総鎮守として「いくたまさん」と市民に親しまれている。第１代神武天皇が難波津に到着された際、日本列島そのものの大神を祀られたことに始まる大阪最古の神社で約2700年の歴史がある。現在の大阪城を含む一帯が本来の鎮座地であり、豊臣秀吉の大坂城築城を機に現在地に遷座。以降、江戸期を通じて上方芸能発祥の地となり、上方落語の始祖・米沢彦八の碑や井原西鶴の像、近松門左衛門らを祀る浄瑠璃神社などが境内に鎮座する。

大阪市天王寺区生玉町13-9／TEL 06-6771-0002／日の出～日没／参拝自由

③円成院

●えんじょういん

一遍上人(1239～1289)を宗祖とする時宗の寺院。境内墓地には、人形浄瑠璃、文楽座の始祖、植村文楽軒(1751～1810)や松尾芭蕉をはじめ、近世の歌舞伎役者や関取の墓が多いことでも知られる。

大阪市天王寺区下寺町2-2-30
TEL 06-6771-0924／9:00～16:30(閉門17:00)、10～3月は～15:30(閉門16:00)／参拝自由

④源聖寺坂

●げんしょうじざか

天王寺七坂の一つ。坂の上り口北側に源聖寺があることからこう呼ばれるようになった。上り口は石畳で、途中からは石段になり、齢延寺、銀山寺へと至る。かつて坂の中腹にはコンニャク好きの狸を祀った祠が、また、坂を上りきった場所には今は生國魂神社にある「源九郎稲荷」があった。

大阪市天王寺区下寺町1丁目、生玉寺町他
見学自由

ひとやすみ

CHARA café

●チャラ カフェ

隠れ家的雰囲気のあるカフェ

大江神社近くにある落ち着いた雰囲気のカフェ。じっくり煮込んだカレーとおいしいコーヒーのセットがおすすめ。

大阪市浪速区下寺3-3-27 安村ビル1F／TEL 06-6632-1855／8:00～18:00／日曜、祝日休

コース④

高津宮周辺《こうづぐうしゅうへん》

文久三年（一八六三）『改正増補国宝大阪全図』

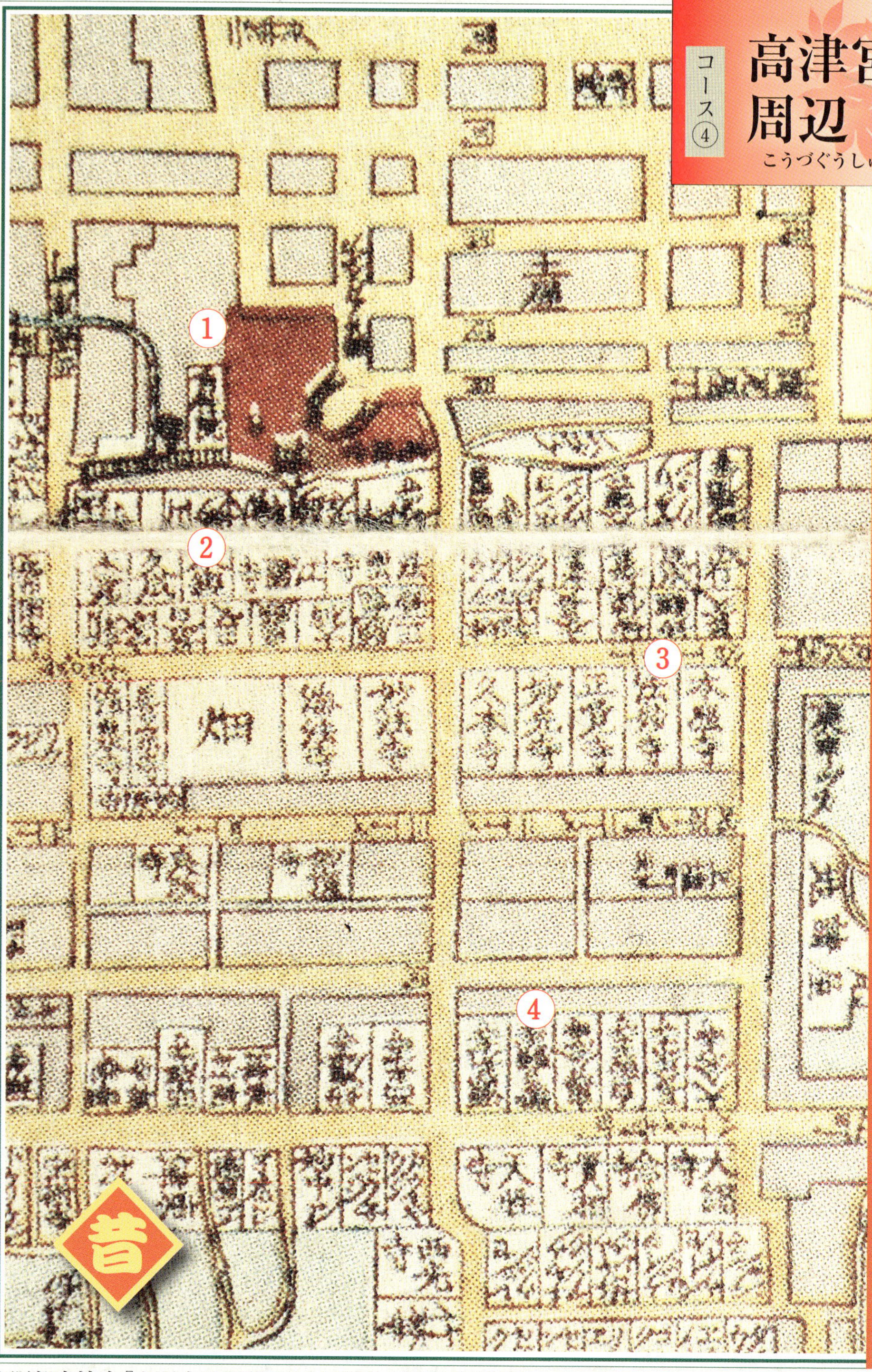

大阪都市協会『大阪古地図集成』（大阪市立図書館所蔵）

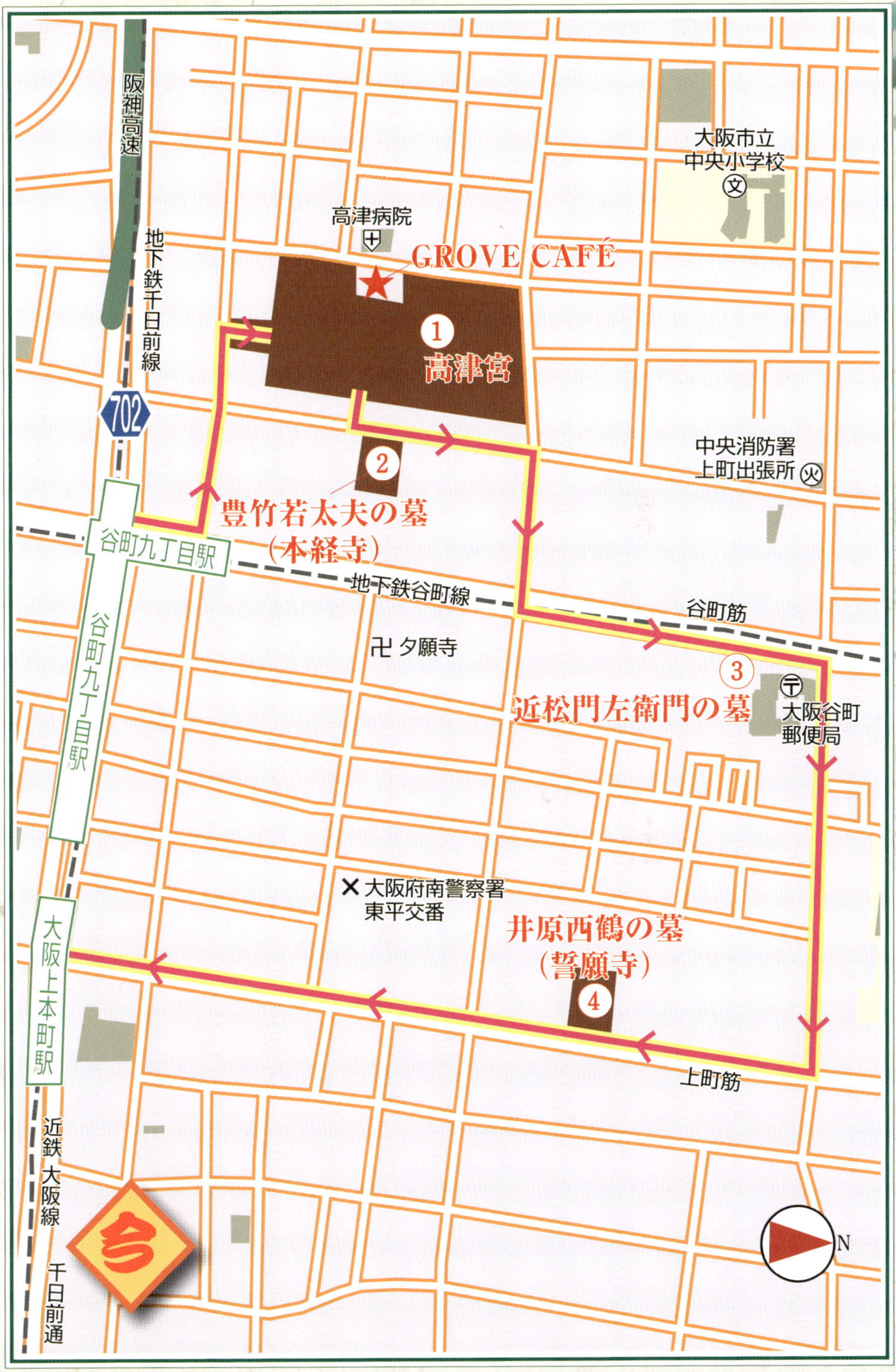

阪神高速
地下鉄千日前線
702
高津病院
GROVE CAFÉ
① 高津宮
② 豊竹若太夫の墓（本経寺）
大阪市立中央小学校
中央消防署上町出張所
谷町九丁目駅
谷町九丁目駅
地下鉄谷町線
谷町筋
夕願寺
③ 近松門左衛門の墓
大阪谷町郵便局
大阪府南警察署東平交番
井原西鶴の墓（誓願寺）
④
大阪上本町駅
上町筋
近鉄大阪線
千日前通
N

高津宮周辺《こうづぐうしゅうへん》

高津から上本町へ

古典落語の舞台として知られた高津宮周辺の文学史跡をめぐる

古典落語の舞台としても有名な高津宮。境内は春になるとたくさんの桜が咲き誇る

由緒ある寺院を訪ね、文学者のお墓に詣でる

高津宮周辺には数多くの寺院が並ぶが、古地図でもこの辺りが寺院密集地だったことがわかる。今回訪ねる誓願寺や近松門左衛門の墓があった法妙寺も古地図に見える。

高津宮の西を流れる東横堀川は大坂城の西惣構堀として開削された大阪市最古の堀川。今は阪神高速1号環状線の高架橋が川の上に延びていて、昔の面影を辿ることはむずかしい。それでも、ここでは高津宮をはじめ、近世文学史を彩る近松門左衛門、井原西鶴の眠る地があり、文学散歩を楽しみながらめぐることができる。

モデルコース 〈所要時間〉約2時間

スタート　地下鉄谷町線・千日前線「谷町九丁目」駅

← 徒歩5分

1. 高津宮

← 徒歩2分

2. 豊竹若太夫の墓（本経寺）

← 徒歩8分

3. 近松門左衛門の墓

← 徒歩10分

4. 井原西鶴の墓（誓願寺）

← 徒歩6分

ゴール　地下鉄谷町線・千日前線「谷町九丁目」駅

③近松門左衛門の墓

●ちかまつもんざえもんのはか

『曽根崎心中』、『心中天網島』で知られる。元禄期を中心に活躍し、竹本義太夫や二代目義太夫のために100 作を超える浄瑠璃を書き、また坂田藤十郎のために 30 数作の歌舞伎狂言を書いた。墓は当初法妙寺境内にあったが、寺が移転。現在はビルに挟まれた一角が墓所となっている。

大阪市中央区谷町 8-1
見学自由

②豊竹若太夫の墓（本経寺）

●とよたけわかたゆうのはか（ほんきょうじ）

豊竹若太夫（1681～1764）は竹本義太夫と並び江戸中期に活躍した浄瑠璃の太夫で、竹本座のライバルである豊竹座の創始者。天性の美声を生かした華麗な節回しで人気を博した。墓は四天王寺にもある。

大阪市中央区中寺 2-1-45
TEL 06-6761-4802
5:30 ～日没 ／ 参拝自由

ひとやすみ

GROVE CAFÉ

●グローブカフェ

フードメニューも充実

高津宮に面し、開け放たれた大きな窓からの自然の風を感じながらカフェやランチ、ナイトタイムが楽しめる。

大阪市中央区高津 1-1-41 ／ TEL 06-6765-7000 ／ 11:30 ～ 23:00（LO22:30、ランチは～ 15:00、ディナーは 17:00 ～）／不定休

①高津宮

●こうづぐう

古典落語「高津の富」の舞台として名高い。祭神は仁徳天皇で、平安時代に仁徳天皇の造営した難波高津宮跡に創建され、豊臣秀吉の大坂城築城に際して現在地に遷座した。昔は高台にあるこの神社は最高の展望所として、また梅の名所としても賑ったという。現在は桜の名所としても知られる。

大阪市中央区高津 1-1-29
TEL 06-6762-1122 ／参拝自由（受付時間は 9:00 ～ 16:30）

④井原西鶴の墓（誓願寺）

●いはらさいかくのはか（せいがんじ）

『好色一代男』、『好色五人女』などの浮世草子作家として知られる井原西鶴。15歳のころから俳諧をこころざし、一昼夜で発句を作る数を競う矢数俳諧では最高 2 万3000余句という記録もある。西鶴の墓は誓願寺境内の無縁墓に押し込まれていたのが明治 20（1887）年に発見されたという。

大阪市中央区上本町西 4-1-21 ／ TEL 06-6761-6318
9:00 ～ 17:00 ／見学自由

コース⑤

真田山周辺《さなだやましゅうへん》

文政八年（一八二五）『文政新改摂州大阪全図』

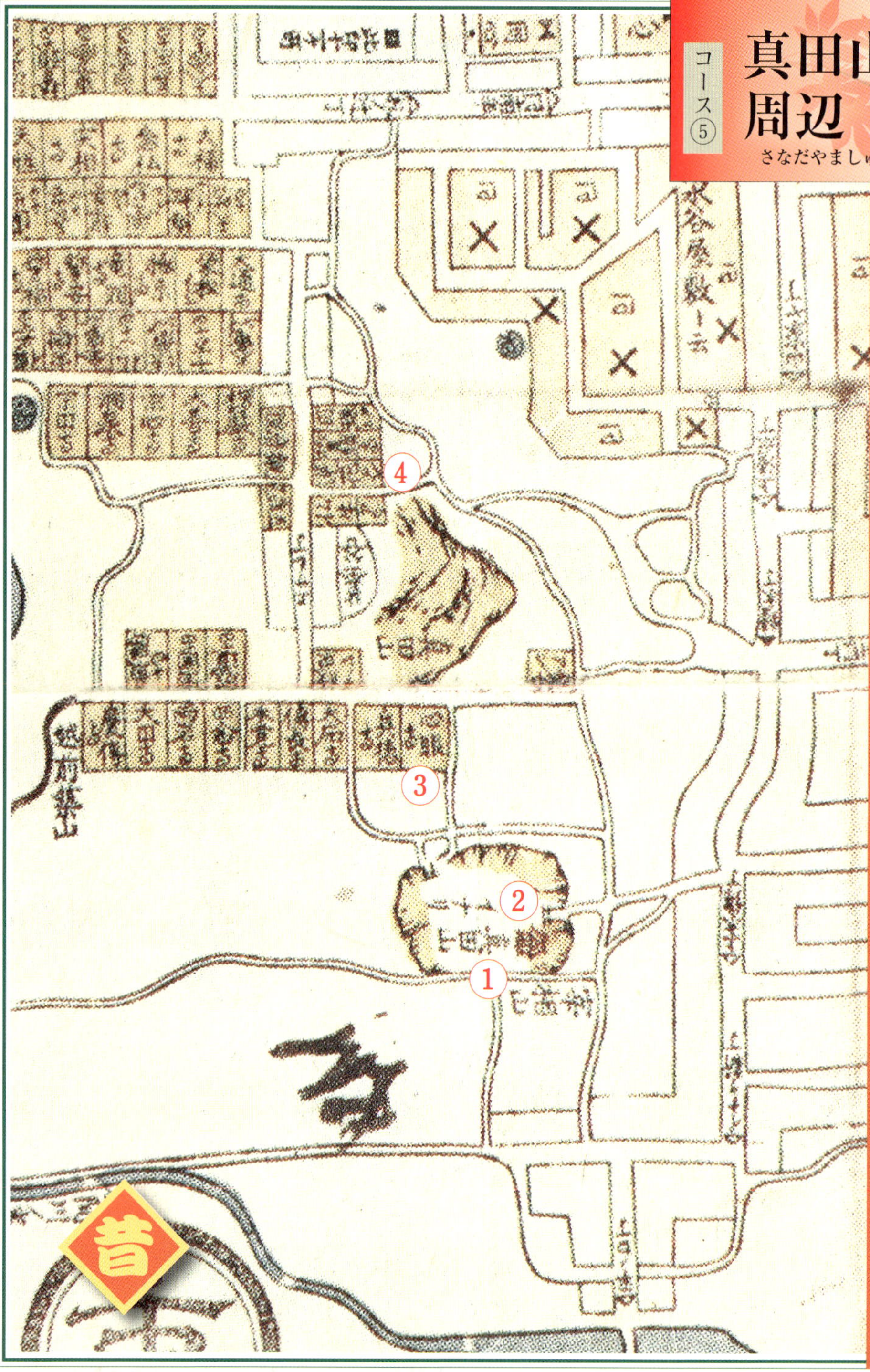

大阪都市協会『大阪古地図集成』（大阪市立図書館所蔵）

大阪南郵便局
城南寺町分室
大阪市立
高津中学校
円珠庵（鎌八幡）
蓮華寺
大阪府立
清水谷高等学校
大阪府立
高津高等学校
kotikaze
明星学園
大阪市立
真田山幼稚園
心眼寺
地下鉄長堀鶴見緑地線
大阪市立
真田山小学校
真田山公園
天王寺
スポーツセンター
宰相山公園
三光神社
玉造筋
玉造駅
玉造日之出通商店街
308
大阪環状線
東成税務署
玉造駅
N

真田山周辺《さなだやましゅうへん》

玉造から空清町へ

豊臣方の英雄として名高い真田幸村ゆかりの地を歩く

三光神社には大坂冬の陣で奮闘した真田幸村の像と、大坂城に続いていたとされる抜け穴がある

寺院や公園が連なる静かなエリア

真田山はその名の通り、真田幸村が慶長19（1614）年の大坂冬の陣に際して、大坂城の南方の防御を強化するために築いた出丸だったという。古地図にある真田山は、現在の明星学園の辺りというのが有力だが、かつては宰相山も真田山と呼ばれていた。

地下鉄玉造駅から宰相山公園、真田山公園とたどると、「真田の抜け穴」、幸村を弔うために建てた心眼寺など、ゆかりの史跡が連なっている。また、明星学園周辺には、興徳寺、円珠庵などが古地図のままに残り、周辺は閑静な街並みになっている。

モデルコース〈所要時間〉約2時間

- スタート　地下鉄長堀鶴見緑地線「玉造」駅
- ← 徒歩5分
- ① 宰相山公園
- ← 徒歩すぐ
- ② 三光神社
- ← 徒歩5分
- ③ 心眼寺
- ← 徒歩6分
- ④ 円珠庵（鎌八幡）
- ← 徒歩15分
- ゴール　地下鉄長堀鶴見緑地線「玉造」駅

② 三光神社《さんこうじんじゃ》

創建は４世紀ころまで遡るといわれる古社。天照大神、月読命(つくよみのみこと)、素戔嗚尊(すさのおのみこと)の三柱を祀ることから三光神社と名付けられた。神社のある宰相山は真田幸村が築いた出丸跡とされ、社殿の下には幸村が大阪城からこの地まで掘ったといわれる「真田の抜け穴跡」が残っている。

大阪市天王寺区玉造本町 14-90 ／ TEL 06-6761-0372
参拝自由

④ 円珠庵(鎌八幡)《えんじゅあん（かまはちまん）》

国文学者として名高い契沖の居宅跡で国の史跡。境内の榎の神木には、大坂冬の陣の折に真田幸村が鎌を打ち込み、鎌八幡大菩薩と称して祈念して勝利したという伝説があり、悪縁を断つ寺として知られる。

大阪市天王寺区空清町 4-2
TEL 06-6761-3691
8:00 ～ 17:00 ／参拝自由

ひとやすみ

kotikaze《コチカゼ》

お煎茶500円とお菓子盛600円

民家を改造した和の空間で、季節にあわせて作られる創作和菓子などが味わえる。菓子や茶器の美しさも楽しみ。

大阪市天王寺区空清町 2-22 ／ TEL 06-6766-6505 ／ 8:00 ～ LO18:30 ／不定休

① 宰相山公園《さいしょうやまこうえん》

三光神社がある宰相山一帯を占める公園で、桜の名所としても名高い。山には広大な「真田山旧陸軍墓地」もある。この墓地は明治４(1871)年に陸軍の埋葬地として設置されたもので、西南戦争以前の230基余を含む約4800柱の墓碑があり、納骨堂には４万3000余柱の遺骨が祀られている。

大阪市天王寺区玉造本町
TEL 06-6761-1770（真田山公園事務所）／入園自由

③ 心眼寺《しんげんじ》

大坂夏の陣のあとに、真田幸村・大助父子の菩提を弔うために創建された浄土宗の寺。門扉には真田の紋所、六文銭が刻印されている。この寺に面した坂は心眼寺坂と呼ばれ、周辺には寺院が立ち並んでいる。なかには、江戸時代中期の文人として名高い木村蒹葭堂(きむらけんかどう)の墓所、大応寺もある。

大阪市天王寺区餌差町 2-22 ／ TEL 06-6764-0630
8:00 ～ 17:00 ／参拝自由

淀屋橋《よどやばし》

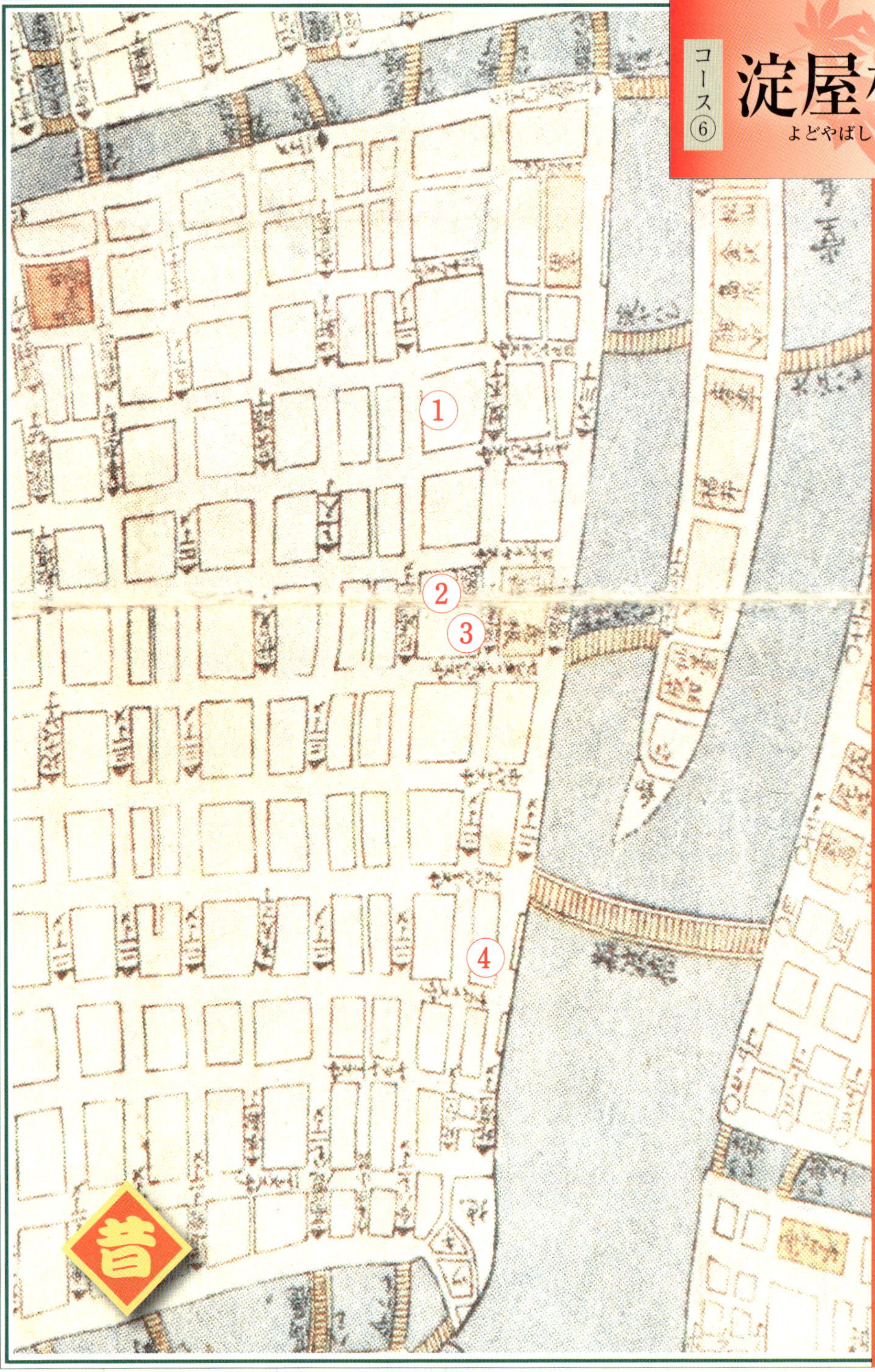

文政八年（一八二五）『文政新改摂州大阪全図』

大阪都市協会『大阪古地図集成』（大阪市立図書館所蔵）

N
京阪中之島線
土佐堀川
大江橋駅
日本銀行
大阪支店
25
淀屋橋駅
地下鉄御堂筋線
1
懐徳堂跡
大阪淀屋橋
郵便局
大阪市役所
堂島川
大阪府立
中之島図書館
2
銅座の跡
3
適塾
大阪市
中央公会堂
大阪伏見町
郵便局
京阪本線
与太呂本店
北浜郵便局
168
阪神高速
なにわ橋駅
大阪俵物会所跡
4
地下鉄堺筋線
北浜駅
堺筋
北浜駅
地下鉄堺筋線
大阪証券
取引所
土佐堀通
大阪市立
開平小学校

淀屋橋《よどやばし》

淀屋橋から北浜へ

昔も今も商都大阪の中心地 淀屋橋周辺の史跡に思いを馳せる

サラリーマンや OL が闊歩する淀屋橋駅周辺。今も昔も大阪のビジネスの中心地だ

天下の台所、大阪発展の基礎をつくった地

古地図を見ても、現在の立ち位置をすぐ確認できるのが淀屋橋界隈だ。江戸時代、大阪の中心を貫く御堂筋は今ほど広くなかったが、淀屋橋をはじめとする橋の数々、中之島、御堂筋のランドマークでもある本願寺（北御堂）も記載されている。

淀屋橋にその名を残す豪商「淀屋」が全国の米相場の基準になる米市を設立し、天下の台所、大阪発展の基礎を作ったのが中之島周辺。活気あふれる商都には人の往来が多く、また豪商たちの財力によって学校が設立されるなど、大阪のアカデミズムの原点にもなっていった。

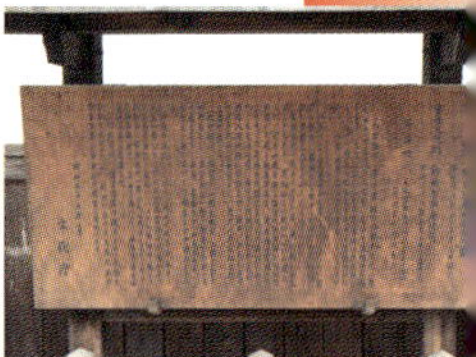

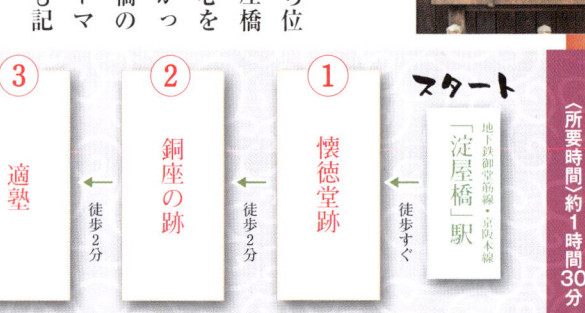

モデルコース〈所要時間〉約1時間30分

スタート
地下鉄御堂筋線・京阪本線「淀屋橋」駅
← 徒歩すぐ
1 懐徳堂跡
← 徒歩2分
2 銅座の跡
← 徒歩2分
3 適塾
← 徒歩6分
4 大阪俵物会所跡
← 徒歩すぐ
ゴール
地下鉄堺筋線・京阪本線「北浜」駅

① 懐徳堂跡《かいとくどうあと》

日本生命本館ビルの壁面に石碑が埋め込まれている。懐徳堂は享保9(1724)年に大阪の豪商たちが設立した学問所で、享保11(1726)年には徳川幕府8代将軍吉宗から公認されて官許の学問所となった。塾生は武士から庶民まで幅広く、明治2(1869)年に廃止されるまで多くの人材を育てた。

大阪市中央区今橋3-5
見学自由

② 銅座の跡《どうざのあと》

銅は江戸時代のわが国の重要輸出品だった。原料になる荒銅は全国各地から大阪の銅座に集められ、これを住友銅吹所で完成品にしたのち銅座を通して長崎に送られた。銅座跡の石碑は、大阪府内で最も古い幼稚園である愛珠幼稚園正門脇に立てられている。ちなみに住友銅吹所は旧住友財閥のルーツ。

大阪市中央区今橋3-1／見学自由

③ 適塾《てきじゅく》

天保9(1838)年に、蘭学者であり医者としても知られる緒方洪庵が開いた蘭学の私塾。大村益次郎、橋本左内、福沢諭吉などの幕末の英才たちをはじめ、全国から数多くの人々が入門し、懐徳堂とともに現在の大阪大学の源流の一つとなった。明治19年頃まで塾生の教育は継続されていた。

大阪市中央区北浜3-3-8／TEL 06-6231-1970／10:00～16:00（入館は～15:30）／月曜休（祝日の場合は翌日）、祝日の翌日休（土・日曜、祝日の場合は開館）／入館料250円

④ 大阪俵物会所跡《おおさかたわらものかいしょあと》

北浜1丁目交差点脇にある。江戸時代には、重要生産物は幕府の管理下に置かれ、特定の商人しか扱うことができなかった。俵物とは干しナマコ、干しアワビなどをさし、当時重要な輸出品だったもの。

大阪市中央区北浜2-2-15
見学自由

ひとやすみ

与太呂本店《よたろほんてん》

「鯛めし」2100円(注文は2人前〜)

大正10(1921)年創業の老舗。一本釣りの一級品を使った鯛めしや、焼き塩で味わう薄衣の天ぷらは極上の一語。

大阪市中央区高麗橋2-3-14／TEL 06-6231-5561／11:30～14:00（LO13:30）、17:00～21:00（LO20:30）／日曜、祝日休

北浜・天満橋《きたはま・てんまばし》

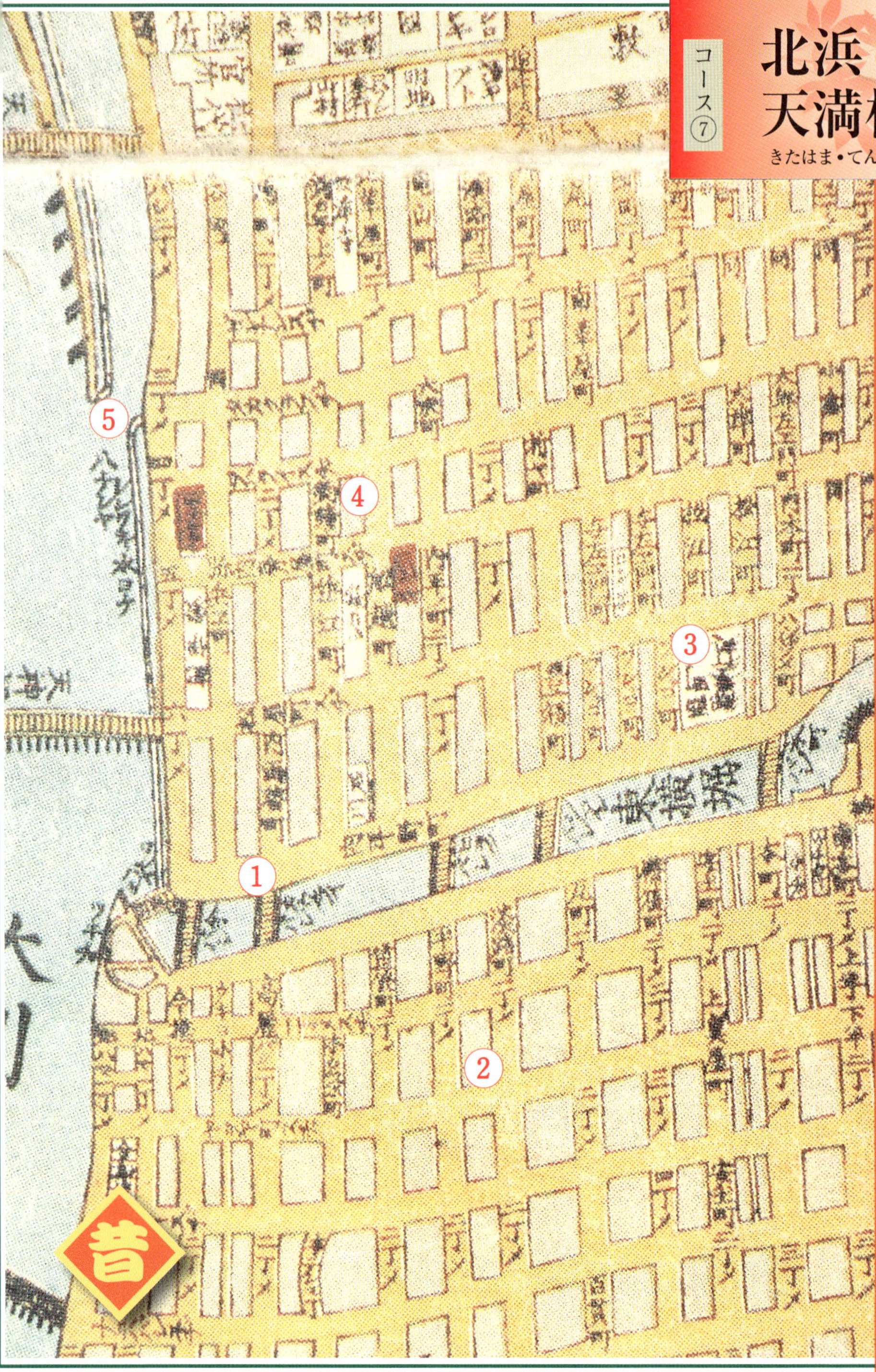

文久三年（一八六三）『改正増補国宝大阪全図』

大阪都市協会『大阪古地図集成』（大阪市立図書館所蔵）

天満橋駅
30
地下鉄谷町線
大阪市立
中央高等学校
天満橋駅
八軒家浜船着場
5
八軒家船着場跡
168
4 釣鐘屋敷跡
川の駅 はちけんや
京阪本線
大阪内本町郵便局
大阪市立
中大江小学校
日本郵政
近畿支社
マイドーム
おおさか
3
西町奉行所跡
大川
高麗橋
1
Le Bois
阪神高速
大阪東郵便局
大阪市立
開平小学校
泊園書院跡
2
N
北浜駅
地下鉄堺筋線

北浜・天満橋

きたはま・てんまばし

北浜から天満橋へ

ビジネスの中心地、北浜から淀川水運の要衝、天満橋へ向かう

江戸時代、中之島には大名の蔵屋敷が並び、賑わいをみせていた

水運の要、大川沿いに商都大阪の歴史を見る

難波八百八橋と呼ばれた水の都大阪で、天満橋、天神橋、難波橋は浪華三大橋と称された。古地図にも大川に架かる三つの橋が描かれているのが見える。また、京都へ向かう船の発着場として賑わった八軒屋船着場も見ることができ、興味深い。

平安時代以降、瀬戸内海と京の都を結ぶ水運の要だった大川沿いは、大阪の発展と変遷の歴史とともに歩んだ場所。江戸時代からの金融相場の中心地だった北浜から古代の船着き場跡も残る天満橋への道筋には数々の史跡が点在するので、じっくり見ておきたい。

モデルコース〈所要時間〉約1時間30分

スタート
地下鉄堺筋線・京阪本線「北浜」駅
← 徒歩8分
1 高麗橋
← 徒歩10分
2 泊園書院跡
← 徒歩10分
3 西町奉行所跡
← 徒歩11分
4 釣鐘屋敷跡
← 徒歩6分
5 八軒家船着場跡
← 徒歩3分
ゴール
地下鉄谷町線・京阪本線「天満橋」駅

④ 釣鐘屋敷跡

●つりがねやしきあと

寛永11(1634)年、徳川三代将軍家光によって巨額の地子代を永代免除とされたのに感謝した人々は、この地に鐘楼を建てて時を報じた。明治になり鐘楼は撤去され、釣鐘は大阪府庁舎屋上に保存されていたが、昭和60(1985)年に地元有志の努力によりもとの場所に戻った。釣鐘は今も時を告げている。

大阪市中央区釣鐘町 2-2-11
見学自由

⑤ 八軒家船着場跡

●はちけんやふなつきばあと

平安時代、この辺りに渡辺津と呼ばれる船着き場があり、熊野三山へと続く熊野街道の出発点として賑った。また、江戸時代には京都と大坂を結ぶ淀川水運の要衝として繁栄し、その様子は多くの書物にも描かれている。

大阪市中央区天満橋京町 2-10
見学自由

ひとやすみ

Le Bois

●ル ボワ

鳥取和牛のハンバーガー1260円

ランチメニューが豊富なフレンチカフェ。ゆったりと落ち着いたスペースで、カフェやワインなども楽しめる。

大阪市中央区高麗橋 1-5-22 エヌビル 2F
TEL 06-4706-2200 ／ 11:00 ～ LO23:00（日曜・祝日は～ LO21:00）／月曜休

① 高麗橋

●こうらいばし

東横堀川にかかるアーチ橋。橋の名は古代に朝鮮半島の使節を迎える施設があったことに由来するといわれる。東横堀川は大坂城築城時に外堀として改修されたといわれ、高麗橋はそのころ架けられた。江戸時代には幕府管理の公儀橋となり、京街道・紀州街道など諸国への起点にもなっていた。

大阪市中央区高麗橋 1、大阪市中央区東高麗橋
見学自由

② 泊園書院跡

●はくえんしょいんあと

大阪市中央区淡路町 1-5
見学自由

儒学者、藤沢東畡（とうがい）が文政8(1825)年に建てた大阪漢学の拠点で幕末期の大坂最大の私塾。泊園は東畡の別号。泊園書院は以後140年間にわたり、政・官・実業界などさまざまな分野の英才を世に送り出した。

③ 西町奉行所跡

●にしまちぶぎょうしょあと

江戸幕府が大坂に設置した遠国奉行所の一つで東西奉行所があった。当初は両奉行所とも大坂城京橋口門の外にあったが、享保９（1724）年に火災にあい、西町奉行所は現在石碑の立つ本町橋東詰に移転したという。

大阪市中央区本町橋 2
見学自由

中之島《なかのしま》

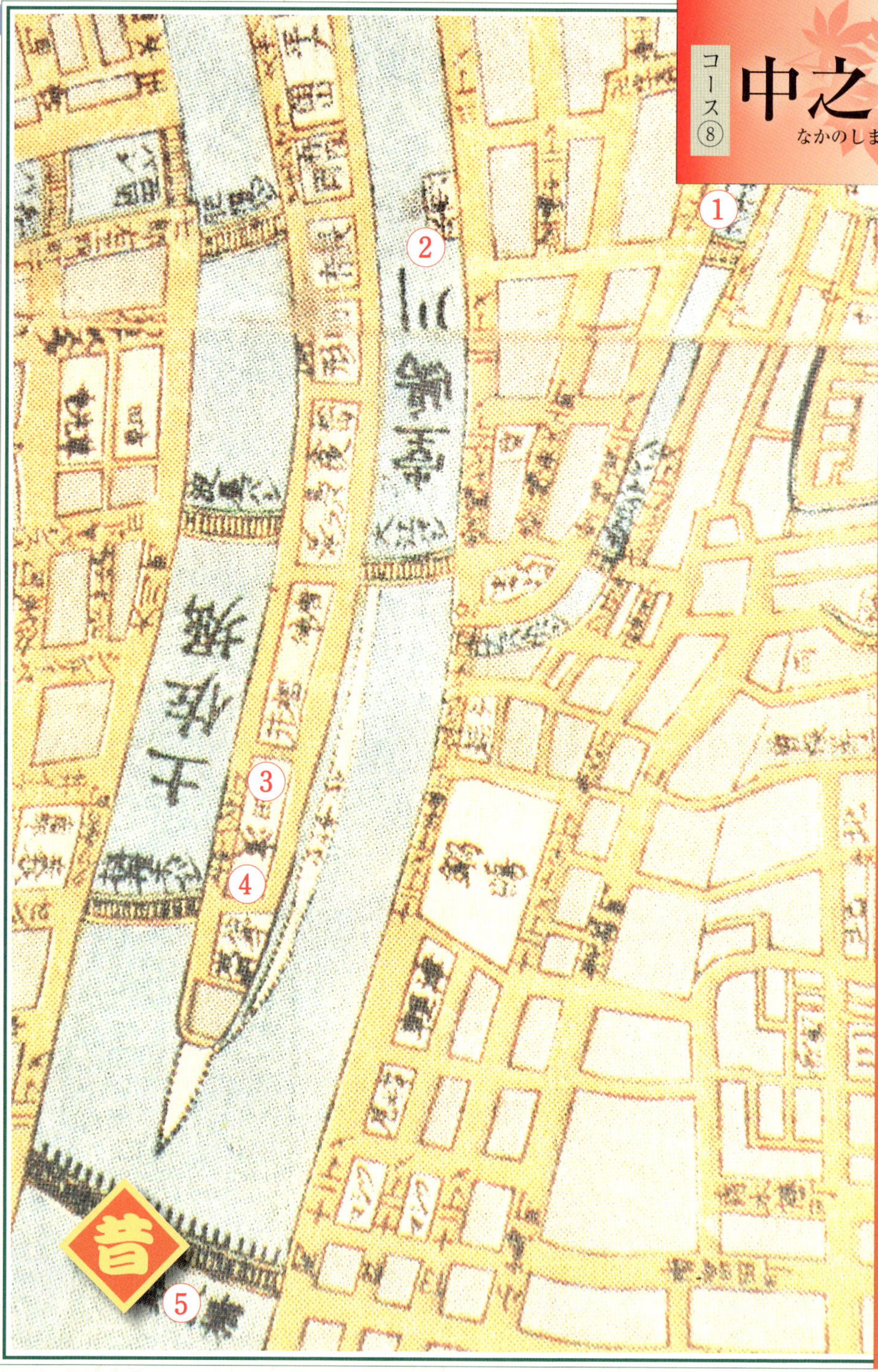

文久三年（一八六三）『改正増補国宝大阪全図』

大阪都市協会『大阪古地図集成』（大阪市立図書館所蔵）

N
北新地駅
曽根崎川跡
1
ANA
クラウンプラザホテル
2
京阪中之島線
堂島米市場跡
2
土佐堀川
大江橋駅
日本銀行
大阪支店
東西線
地下鉄御堂筋線
淀屋橋駅
25
御堂筋
1
423
阪神高速
堂島川
大阪市役所
大阪淀屋橋
郵便局
3 大阪府立中之島図書館
中之島倶楽部
大阪高等・地方・
簡易裁判所
4
大阪市中央公会堂
京阪本線
地下鉄谷町線
168
天満警察署
土佐堀通
大阪市立東洋陶磁美術館
なにわ橋駅
北浜駅
中之島公園
大阪市立
西天満小学校
5
堺筋
地下鉄堺筋線
大阪西天満
郵便局

中之島《なかのしま》

北新地から中之島公園へ

江戸時代から華やかな北の新地と水都大阪のシンボル中之島公園

キタとミナミの繁華街を結ぶ大江橋は、国の重要文化財に指定されている

蔵屋敷が並んでいた大阪商人の地

北の新地ともいわれる曽根崎新地は、宝永5（1708）年に開かれ、堂島の米商人たちや蔵屋敷の人々の遊興の場として栄えた。中之島周辺の繁盛ぶりは古地図に記載された、ずらりと並ぶ蔵屋敷にもうかがえる。

古地図にはまだ記載されていない中之島公園は、中之島の東端に明和3（1766）年に埋め立てて造成された「山崎ノ鼻」という新地がルーツで、当初から行楽地だったという。現在では明治や大正のレトロな建物が緑と川に包まれた公園に風格を添え、散策に最適な場所になっている。

モデルコース
〈所要時間〉約2時間30分

スタート　JR東西線「北新地」駅

← 徒歩2分

1　曽根崎川跡

← 徒歩7分

2　堂島米市場跡

← 徒歩10分

3　大阪府立中之島図書館

← 徒歩3分

4　大阪市中央公会堂

← 徒歩2分

5　中之島公園

← 徒歩すぐ

ゴール　京阪中之島線「なにわ橋」駅

① 曽根崎川跡

●そねざきがわあと

曽根崎川は古地図には蜆川として記載されている。河村瑞賢が元禄時代に改修し、堂島新地、曽根崎新地が開かれた。曽根崎新地は近松門左衛門の作品『心中天網島』の舞台としても名高い。曽根崎川は明治42（1909）年の北の大火後に上流、大正13（1924）年に下流が埋め立てられた。

大阪市北区曽根崎新地 1-5-29
見学自由

③ 大阪府立中之島図書館

●おおさかふりつなかのしまとしょかん

住友家の寄付により明治37（1904）年に大阪図書館として開館。建物はルネッサンス様式で建設され、大正時代に両翼を建て増し現在の形になった。大阪空襲も免れた風格ある建物は国の重要文化財。

大阪市北区中之島 1-2-10
TEL 06-6203-0474
建物外観見学自由
※現在耐震補強工事中（平成26年12月までの予定）

ひとやすみ

中之島倶楽部

●なかのしまくらぶ

ランチ限定のオムライス680円

中央公会堂にあるレストラン。公会堂創建当時の意匠が残る空間は、中之島散策のランチやティータイムに最適。

大阪市北区中之島 1-1-27 大阪市中央公会堂 B1
TEL 06-6233-3580／9:30 ～ 21:30（LO20:30）／第４火曜休（祝日の場合は翌日休）

⑤ 中之島公園

●なかのしまこうえん

江戸時代に埋め立てられた「山崎ノ鼻」という新地が、明治24（1891）年に大阪市初の市営公園として整備され、のち大正時代に埋め立てられて現在の形になった。園内には大阪市役所、府立中之島図書館、中央公会堂、東洋陶磁美術館、バラ園などもあり、市民の憩いの場になっている。

大阪市北区中之島
TEL 06-6312-8121（北部方面公園事務所）／入園自由

② 堂島米市場跡

●どうじまこめいちばあと

享保15（1730）年に幕府は堂島米市場に帳合米取引（現在の米の先物取引）を公認した。この取引方法は現在全世界で行われている、商品・金融・証券先物取引の先駆とされている。碑は堂島公園入り口に立つ。

大阪市北区堂島浜 1-3
見学自由

④ 大阪市中央公会堂

●おおさかしちゅうおうこうかいどう

蔵屋敷廃止後に衰退していた中之島の再生を願い、大正７（1918）年に開館。ネオ・ルネサンス様式を基調としながらバロック風の壮大さを併せ持つ、日本有数の公会堂建築で、国の重要文化財になっている。

大阪市北区中之島 1-1-27
TEL 06-6208-2002
館内の見学はB1岩本記念室（9:30 ～ 21:30）のみ

コース⑨

福島《ふくしま》

文政八年（一八二五）『文政新改摂州大阪全図』

大阪都市協会『大阪古地図集成』（大阪市立図書館所蔵）

金蘭会中学校
高等学校
N
東海道本線
阪神高速
了徳院(福島聖天)
1
大阪聖天
前郵便局
大阪市立
上福島小学校
大阪環状線
福島駅
2
JR東西線
新福島駅
阪神電鉄本線
福島駅
大阪市立
福島小学校
大阪厚生
年金病院
3
2
大阪上福島
郵便局
下福島公園
朝日放送
浄祐寺
福沢諭吉誕生地
4
関西電力病院
福島天満宮
DOJIMA
RIVER FORUM CAFE
堂島川
中之島駅
5
蔵屋敷跡
京阪中之島線
渡辺橋駅
リーガ
ロイヤルホテル
41
大阪市立
科学館
国立国際
美術館
住友病院
なにわ筋
土佐堀川
今
地下鉄四つ橋線
肥後橋駅

福島《ふくしま》

福島から堂島川へ

庶民の信仰を集めていた寺社と大名の蔵屋敷跡に往時を偲んで

占いの商店街として活性化をはかっている福島聖天通商店街は了徳院への参詣道でもある

下町からオフィス街へと江戸時代の大阪を訪ねる

福島は江戸時代には近郊農村だったところで、大阪駅からわずか一駅隣りのエリアだが、今も下町の雰囲気が色濃く残っている。古地図にもその名が記されている了徳院（福島聖天）は福島駅北西に位置し、江戸時代からの参道であった福島聖天商店街も店が連なり活気あふれる姿を見せている。

駅から南へ5分ほど歩くと堂島川にぶつかる。この辺りは江戸時代には諸藩の蔵屋敷が並んでいた場所。現在はビルが立ち並び当時の面影は残っていないが、中之島をはさんで流れる堂島川と土佐堀川の流れは今も変わらない。

モデルコース〈所要時間〉約2時間30分

スタート
JR大阪環状線「福島」駅
← 徒歩5分
1 了徳院（福島聖天）
← 徒歩15分
2 浄祐寺
← 徒歩8分
3 福島天満宮
← 徒歩4分
4 福沢諭吉誕生地
← 徒歩5分
5 蔵屋敷跡
← 徒歩すぐ
ゴール
京阪中之島線「中之島」駅

①了徳院（福島聖天）《りょうとくいん（ふくしましょうてん）》

江戸時代以前からある真言宗の寺院。戦災でほとんど焼失したが、難をのがれた山門は寺院建築丸角流の代表作。江戸時代にはこの辺りは淀川下流域の低湿地帯だった。杜若の名所として有名で、松尾芭蕉も訪れ「かきつばた 語るも旅の ひとつ哉」という句を詠み、境内には句碑が建てられている。

大阪市福島区鷺洲 2-14-1 ／ TEL 06-6451-7193
4:00 ～ 19:00 ／参拝自由

②浄祐寺《じょうゆうじ》

赤穂浪士矢頭長助、右衛門七父子の墓がある。長助は討入り前に亡くなりこの寺に埋葬された。子の右衛門七は見ごと討入りを果たしたことから、生前の親子を知る人たちが、父子の墓を並べて建て弔った。また、歌舞伎『五大力恋緘』の題材にもなった5人殺傷事件の犠牲者を供養する五大力墓もある。

大阪市北区堂島 3-3-5 ／ TEL 06-6451-2781
6:00 ～ 20:00（日曜・祝日は～19:30、閉門は季節により異なる）／参拝自由

③福島天満宮《ふくしまてんまんぐう》

大阪市福島区福島 2-8-1
TEL 06-6451-5907
6:00 ～ 18:30 ／参拝自由

菅公聖蹟二十五拝の第12社。菅原道真公が大宰府に向かう途上で立ち寄った縁から、小祠を建てたのが始まりで、北野天満宮よりも起源は古いとされる。福島には三つの天満宮があったことから上の天神とも呼ばれた。

④福沢諭吉誕生地《ふくざわゆきちたんじょうち》

慶應義塾の創設者である福沢諭吉が生まれた中津藩蔵屋敷があった場所。父百助の死後中津へ戻るが、長崎遊学後、大坂蔵屋敷に勤めていた兄のすすめもあり、安政2（1855）年に緒方洪庵の適塾に入門した。

大阪市福島区福島 1-1
見学自由

⑤蔵屋敷跡《くらやしきあと》

大阪市北区中之島 5-3
見学自由

水運に便のいい中之島周辺には諸藩の蔵屋敷が並んでいた。ここは高松藩の蔵屋敷跡で、現在はリーガロイヤルホテルが建つ。江戸時代の学僧・慈雲尊者もこの蔵屋敷で生まれており、近くには慈雲尊者生誕之地の碑も。

ひとやすみ

DOJIMA RIVER FORUM CAFE《ドージマ リバー フォーラム カフェ》

本格派のスイーツがそろう

窓に向いたカウンター席から堂島川の景色を楽しめる。ランチプレートやドリンクでくつろぎの時間を過ごそう。

大阪市福島区福島 1-1-17 堂島リバーフォーラム 2F
TEL 06-6341-0020
11:30～23:00（日曜・祝日は～22:00）／不定休

文政八年（一八二五）『文政新改摂州大阪全図』

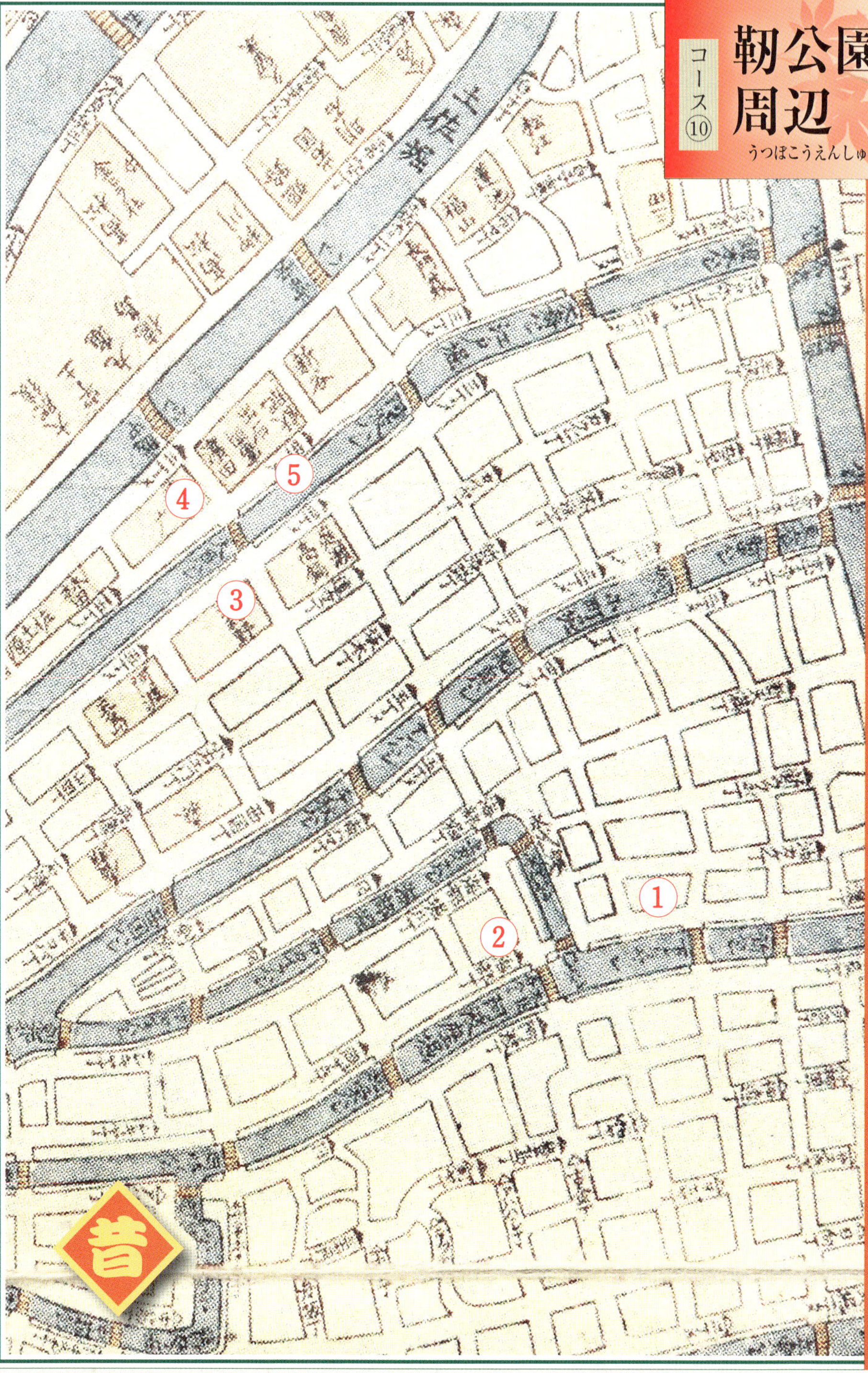

大阪都市協会『大阪古地図集成』（大阪市立図書館所蔵）

京阪中之島線
中之島駅
国立国際
美術館
大阪市立
科学館
41
リーガロイヤルホテル
住友病院
肥後橋駅
地下鉄四つ橋線
大村益次郎寓地
薩摩藩蔵屋敷跡
4
5
大阪市立
西船場小学校
3
此花乃井
大阪市立
花乃井中学校
大阪科学技術館
靭公園
大塩平八郎
終焉の地
靭海産物市場跡
2
1
cocoo cafe
本町駅
172
阪神高速
地下鉄中央線
阿波座駅
地下鉄千日前線
大阪市立
明治小学校
なにわ筋
四つ橋筋
N

靭公園周辺《うつぼこうえんしゅうへん》

靭公園から肥後橋へ

堀川が流れ、多くの市場が開かれ活気にあふれていた町

都会のオアシスとしてビジネスマンたちが集う靭公園。シーズンにはバラ園が美しい

消えてしまった堀川を偲びながら歩く

靭公園周辺は、サラリーマンやＯＬが多く行き交うビジネス街。おしゃれなカフェも多いためか、街並みは洗練された雰囲気を漂わせている。

この辺りは江戸時代には京町堀、阿波座堀など多くの堀川が流れており、全国の物産が運び込まれ、多くの市場が開かれていた。とくに海産物を扱う問屋が軒を連ね、昭和の初めまで賑わっていたという。残念ながら当時ここを流れていた堀川はすべて埋められてしまい姿を消したが、古地図を片手に「ここに京町堀が」と想像しながら歩くのも一興。

モデルコース

〈所要時間〉約1時間30分

スタート 地下鉄四つ橋線・中央線・御堂筋線「本町」駅

← 徒歩4分

1 大塩平八郎終焉の地

← 徒歩5分

2 靭海産物市場跡

← 徒歩7分

3 此花乃井

← 徒歩2分

4 薩摩藩蔵屋敷跡

← 徒歩2分

5 大村益次郎寓地

← 徒歩10分

ゴール 地下鉄四つ橋線「肥後橋」駅

③ 此花乃井
● このはなのい

津和野藩の蔵屋敷にあった井戸。明治元(1868)年の明治天皇大阪行幸の際に、献上したところ「此花乃井」の名を与えられ名水として評判となった。その後、小学校の敷地になり、大正10(1921)年には埋められてしまったが、昭和に入って復元。現在は花乃井中学校の北東角にあり柵越しに見学できる。

大阪市西区江戸堀2-8-29 花乃井中学校内
柵越しに見学自由

① 大塩平八郎終焉の地
● おおしおへいはちろうしゅうえんのち

天保8(1837)年に大塩の乱を起こした大塩平八郎が自決した場所。窮民救済を旗印に乱を起こしたものの、その日のうちに鎮圧され失敗に終わった。平八郎は脱出し、靭油掛町の商家に潜伏していたが、平野郷の実家での話しが伝わり、幕府方に囲まれたため、養子の格之助とともに脇差と火薬を用いて自決した。

大阪市西区靭本町1-18-12／見学自由

⑤ 大村益次郎寓地
● おおむらますじろうぐうち

維新十傑の一人とされる大村益次郎が緒方洪庵の適塾に通っていた時の住まい倉敷屋作衛門宅があった地。大村は医学、蘭学だけでなく、西洋兵学にも通じていたことから維新後は軍制改革の中心を担った。

大阪市西区江戸堀2-6
見学自由

② 靭海産物市場跡
● うつぼかいさんぶついちばあと

干物や塩魚、鰹節など生魚以外の海産物を扱っていた市場。寛永元(1624)年、新たに海部堀川が開かれると取引の量も増加し、江戸時代を通じて栄えた。すぐ側には荷揚げ用の岸として作られた永代浜跡の碑が立つ。

大阪市西区靭本町2 靭公園内
見学自由

④ 薩摩藩蔵屋敷跡
● さつまはんくらやしきあと

江戸時代には薩摩藩蔵屋敷があった。薩摩藩は大阪に上、中、下の三つの蔵屋敷を持っていて、ここは上屋敷。慶応4(1868)年に会津藩兵との間に武力衝突が起こり、自ら火を放って焼失。現在は三井倉庫が建っている。

大阪市西区土佐堀2-4
見学自由

ひとやすみ
cocoo cafe
● コクウ カフェ

日替りランチ(コーヒー付)800円

窓の外に広がる靭公園の緑と店内に置かれた観葉植物で、ほっこりとした癒しとくつろぎの時間をくれるカフェ。

大阪市西区靭本町2-2-23 センターコート前ビル4F／TEL 06-4981-0816／11:30～21:00(LO20:00)／金曜、第2・第4日曜休

靭公園周辺

コース⑪

天満宮周辺《てんまんぐうしゅうへん》

文久三年（一八六三）『改正増補国宝大阪全図』

大阪都市協会『大阪古地図集成』（大阪市立図書館所蔵）

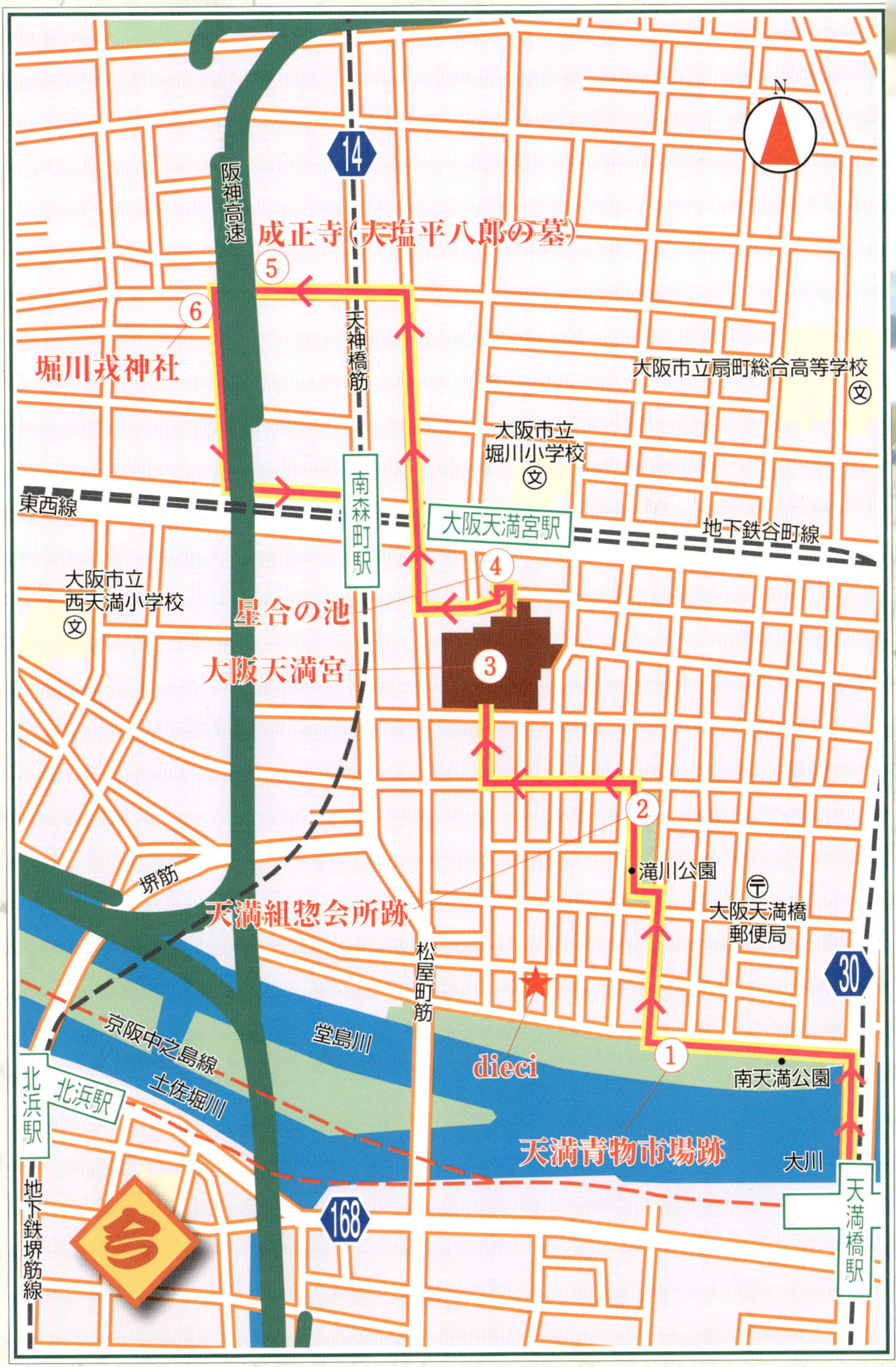
N
14
阪神高速
成正寺(大塩平八郎の墓)
5
6
堀川戎神社
天神橋筋
大阪市立扇町総合高等学校
大阪市立
堀川小学校
南森町駅
東西線
大阪天満宮駅
地下鉄谷町線
4
大阪市立
西天満小学校
星合の池
大阪天満宮
3
2
滝川公園
大阪天満橋
郵便局
堺筋
天満組惣会所跡
松屋町筋
30
dieci
1
堂島川
京阪中之島線
土佐堀川
北浜駅
北浜駅
南天満公園
天満青物市場跡
大川
天満橋駅
168
地下鉄堺筋線

天満宮周辺《てんまんぐうしゅうへん》

天満橋から南森町へ

大坂商人の心の拠りどころ、天神さん周辺を歴史ウオーク

江戸時代の記録に残っているだけで７度も焼失した大阪天満宮。天神祭でも名高い

浪華三大橋の一つ 天満橋を渡って天満の地へ

大阪天満宮に地名の由来を持つ天満は古い歴史を持った町だ。豊臣秀吉の大坂城築城に際しては、天満は水運の拠点として位置づけられていたという。江戸時代には当時の大坂商業の中心地、船場に匹敵するような商店と人々が集まる場所になった。

　天満橋駅をスタート、天満橋を渡ってまずは対岸の南天満公園を目指す。江戸幕府の公儀橋だった天満橋だが、江戸時代には現在橋が架かっている場所より一筋東に架かっており、その道筋が天満橋筋と呼ばれた。古地図の天満橋の下

モデルコース〈所要時間〉約2時間30分

- スタート 地下鉄谷町線「天満橋」駅 京阪本線「天満橋」駅
- ← 徒歩8分
- 1 天満青物市場跡
- ← 徒歩3分
- 2 天満組惣会所跡
- ← 徒歩5分
- 3 大阪天満宮
- ← 徒歩すぐ
- 4 星合の池
- ← 徒歩10分
- 5 成正寺（大塩平八郎の墓）
- ← 徒歩2分
- 6 堀川戎神社
- ← 徒歩6分
- ゴール 地下鉄谷町線・堺筋線「南森町」駅

に島のようなものが見えるのは、将棊島と呼ばれる堤防で、この島は明治末に淀川改修工事でなくなったという。

浪速の活力を感じる天神橋筋商店街

大阪天満宮と切っても切れない場所といえば、日本一長い天神橋筋商店街だ。古地図でも天神橋筋商店街にあたる道が天神橋に向かって真っすぐに延びているのは現在のままだ。天神橋筋商店街は、江戸時代、日本の物流の中心だったといわれる天満青物市場を中心に発達し、かつては「十丁目商店街」と呼ばれた。古地図にも「十丁メ」の名が見える。

春には桜が満開になる南天満公園

一日中人通りが途切れることのない天神橋筋商店街

江戸後期の大塩平八郎の乱、第二次世界大戦の空襲などで天満はそのほとんどが全焼する被害を受けるが、時代とともに姿を変えながら復興し活気を取り戻してきた。大阪天満宮参拝のあとは、今は阪神高速12号守口線に姿を変えた天満堀川沿いを歩き、商売繁盛の神様、堀川のえべっさんにもぜひ参拝して帰りたい。

大阪天満宮は古くから大阪の人々の信仰を集めてきた

③ 大阪天満宮

●おおさかてんまんぐう

学問の神様菅原道真を祀り、1000年以上の歴史を誇る日本三大祭りの一つ天神祭でも名高い。延喜元(901)年、菅原道真が大宰府に左遷される途中、現在は天満宮の摂社になっている大将軍社に参拝した。その2年後に道真は亡くなるが、天暦3(949)年に大将軍社に不思議な出来事が起こったため、これを道真の奇瑞とした村上天皇の勅命で天満宮が創建されたと伝わっている。ちなみに、大将軍社は白雉元(650)年に遷都された難波長柄豊崎宮の鎮護社だった古社。

大阪市北区天神橋 2-1-8 ／ TEL 06-6353-0025
9:00 ~ 17:00 ／参拝自由

④ 星合の池

●ほしあいのいけ

大阪天満宮境内北側にある小さな池で通称亀の池とも呼ばれる。池に架かる橋は相合橋と呼ばれ、昔はこの橋で出会った男女は結ばれると言い伝えられていた。池の畔には星合茶寮があり、ちょっとひと休みにも最適。また、池周辺は梅林になっており、花の季節には梅の花の香りに包まれる。

大阪市北区天神橋 2-1-8
TEL 06-6353-0025（大阪天満宮）／見学自由

⑤ 成正寺(大塩平八郎の墓)

●じょうしょうじ（おおしおへいはちろうのはか）

慶長9(1604)年に創建された日蓮宗の寺院。天保の大飢饉に際して庶民の救済に立ち上がり「大塩の乱」を起こした大塩平八郎と養子格之助の墓がある。大塩らは大罪人として江戸時代には墓を作ることを許されず、維新後にようやく建立されたが、大阪空襲で焼失。現在の墓はその後再建されたもの。

大阪市北区末広町 1-7 ／ TEL 06-6361-6212
開門時間は日によって異なる／参拝自由

⑥ 堀川戎神社

● ほりかわえびすじんじゃ

商売繁盛の神「堀川のえべっさん」と慕われている。江戸時代から「ミナミの今宮、キタの堀川」と並び称されてきた。創建は6世紀の欽明天皇の時代にさかのぼるとされる古社で、蛭子大神(えびすのおおかみ)と少彦名命、天太玉命(あめのふとだまのみこと)の三神を祀る。平治の乱を避けて一時丹波国に遷り、現在地に遷座したのは文和年間(1352～1355)という。毎年1月9日から11日に行われる十日戎が盛んになったのは江戸時代中期ころからといわれ、現在も数十万の参拝者が訪れ大賑わいとなる。

大阪市北区西天満 5-4-17 ／ TEL 06-6311-8626
6:00 ～ 20:00 ／参拝自由

② 天満組惣会所跡

● てんまそうかいしょあと

大阪市北区天満 4-7　滝川公園内／見学自由

江戸時代の大坂は大川以北の天満組と以南の南組、北組に区分され､それらをあわせて大坂三郷と呼ばれていた。それぞれの組には惣会所が設けられていた。会所は碑のある滝川公園から道を隔てた西北角にあったという。

① 天満青物市場跡

● てんまあおものいちばあと

大川北岸の南天満公園に碑が立つ。天満青物市場は、天下の台所だった大阪の堂島の米市場、雑喉場の魚市場と並ぶ三大市場の一つで、野菜・果物の取り引きを独占していた。天満に移転したのは承応2(1653)年とされ、明治、大正時代にも大阪一の青物市場として繁栄したが、大阪大空襲により廃絶。

大阪市北区天満 3 南天満公園内
見学自由

ひとやすみ

dieci

● ディエチ

「季節のフルーツタルト」600円

北欧のアンティーク家具や雑貨に囲まれてスウェーデンのフレーバーティーや北欧料理、スイーツが楽しめる。

大阪市北区天神橋 1-1-11　天一ビル 2F
TEL 06-6882-7828
12:00 ～ 19:00 ／火曜休

コース⑫

梅田《うめだ》

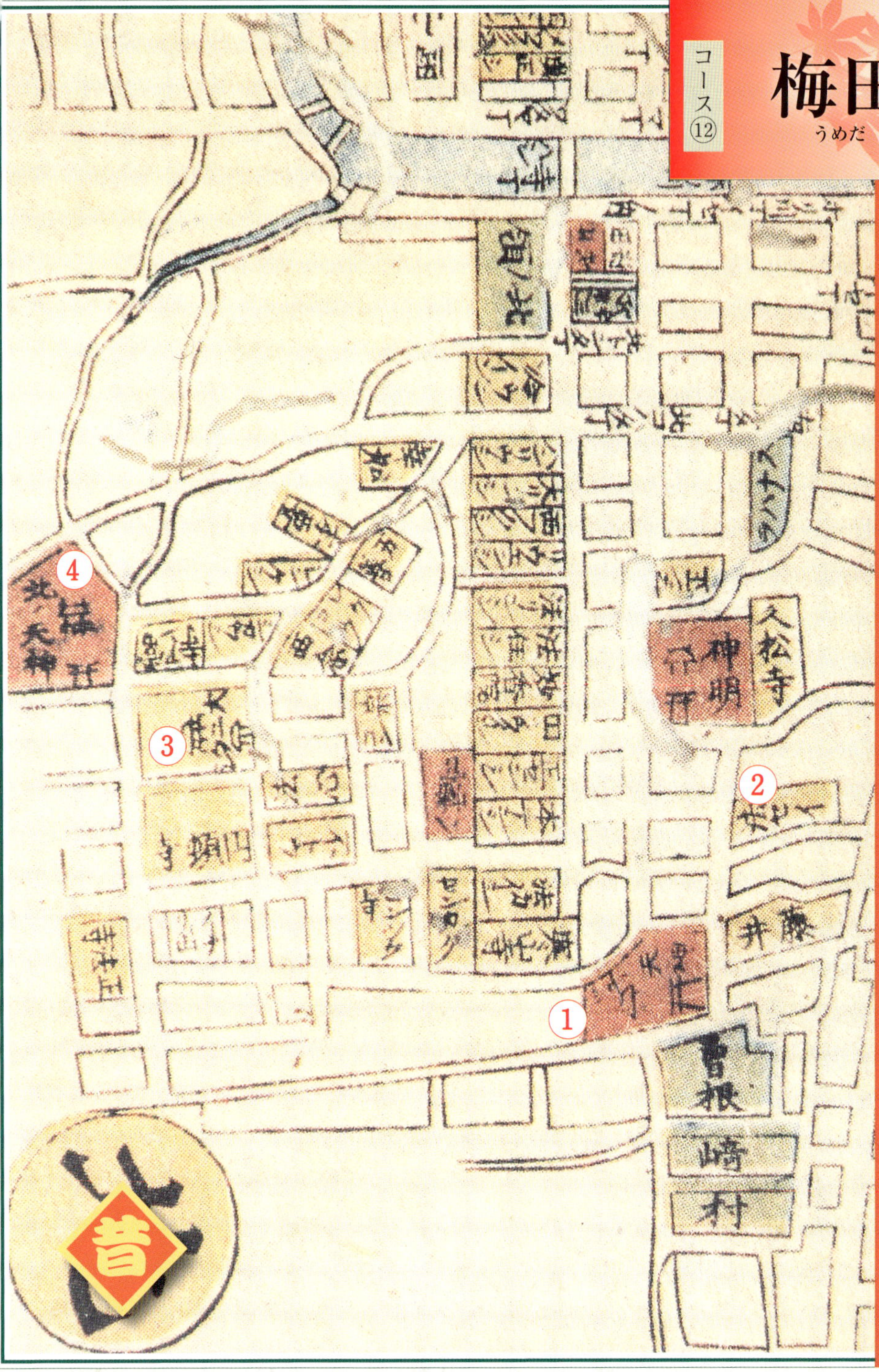

弘化二年（一八四五）『弘化改正大坂細見図』

大阪都市協会『大阪古地図集成』（大阪市立図書館所蔵）

扇町駅
地下鉄堺筋線
14
N
阪神高速
扇町公園
関西電力
労働組合会館
大阪野崎
郵便局
洋食の店
アラカルト
大阪市立
天満中学校
北税務署
綱敷天神社
4
善正寺
太融寺
3
大阪東急イン
1
地下鉄谷町線
2
法清寺（かしく寺）
423
ドンキホーテ
梅田店
露天神社（お初天神）
1
曽根崎お初天神通り商店街
地下鉄御堂筋線
東梅田駅
JR東西線

梅田《うめだ》

東梅田から扇町へ

梅田のすぐ近くに広がる昔の面影を残す町を歩く

近松門左衛門の曽根崎心中の舞台となったお初天神は商店街を抜けた辺りにある

泥土を埋めて誕生した「埋田」が名の起源

古地図の中央西寄りに「曾根崎村」の文字が見える。日々変貌を遂げる大阪最先端の町、梅田は、周囲に何もないこの村の一部に過ぎなかった。江戸時代以前は低湿地帯で、泥土を埋めて田畑を開いたので「埋田」と呼ばれたのが梅田の名の起源という。

古地図には露天神社や法清寺、太融寺、などの文字が見える。また、当時、堂島川沿いには蔵屋敷が並んでいたが、梅田の発展は明治を待たねばならなかった。大きく変わった都会の中心部だけに、昔と今をくらべながらの散策には興味つきないものがある。

モデルコース 〈所要時間〉約2時間30分

スタート 地下鉄谷町線「東梅田」駅
← 徒歩4分
① 露天神社（お初天神）
← 徒歩4分
② 法清寺（かしく寺）
← 徒歩8分
③ 太融寺
← 徒歩5分
④ 綱敷天神社
← 徒歩15分
ゴール 地下鉄堺筋線「扇町」駅

③太融寺

●たいゆうじ

弘仁12（821）年に弘法大師が嵯峨天皇の勅願により開基し、嵯峨天皇の皇子である源融が七堂伽藍を建立した。当時の境内地は周辺の太融寺・堂山・神山の町名に偲ぶことができる。大阪城落城と運命を共にした淀殿の墓所は、当初は大阪城近くの弁天島にあったが、明治になってこの寺に移された。

大阪市北区太融寺町 3-7 ／ TEL 06-6311-5480
08:00 ~ 17:00 ／参拝自由

②法清寺（かしく寺）

●ほうせいじ（かしくでら）

寺の名は遊女「かしく」の墓があるため付けられた。かしくは酒乱でそれを諌めた兄を殺し斬首されて、芝居にも仕立てられた。のちにかしくの墓石をかきとり煎じて飲むと酒乱が治るとの風評で有名になったという。

大阪市北区曽根崎 1-2-19
TEL 06-6364-8967
9:00 ~ 17:00 ／参拝自由

ひとやすみ

洋食の店 アラカルト

●ようしょくのみせ あらかると

アラカルトランチ 1000円

扇町公園の西にあるこぢんまりとした洋食店。肉の旨みがギュっとつまったハンバーグは評判の一品。

大阪市北区神山町 3-2 ／ TEL 06-6362-8171
11:30 ~ LO14:30、18:00 ~ LO21:00
日曜および祝日不定休

①露天神社（お初天神）

●つゆのてんじんしゃ（おはつてんじん）

創建1300年といわれる梅田・曽根崎地域の総鎮守。近松門左衛門の名作『曽根崎心中』の舞台として名高い。この浄瑠璃は実際の心中事件を題材にしており、現場は神社裏手の天神の森だったという。境内には主人公のお初、徳兵衛の像が立ち、神社前には「曽根崎お初天神通り商店街」のアーケードが延びている。

大阪市北区曽根崎 2-5-4
TEL 06-6311-0895
6:00 ~ 23:30 ／参拝自由

④綱敷天神社

●つなしきてんじんしゃ

街中にあるが、境内に入ると静けさに包まれる。北野天神とも称され、源融が太融寺を建立した際に嵯峨天皇を祀る「神野太神宮」を創建したことに始まる。神社の名は菅原道真が太宰府に左遷される折に、この地に咲く紅梅を愛でるために船の艫綱（ともづな）を敷いて席のかわりしたことに由来するという。

大阪市北区神山町 9-11 ／ TEL 06-6361-2887
6:00 頃～日没／参拝自由

文政八年（一八二五）『文政新改摂州大阪全図』

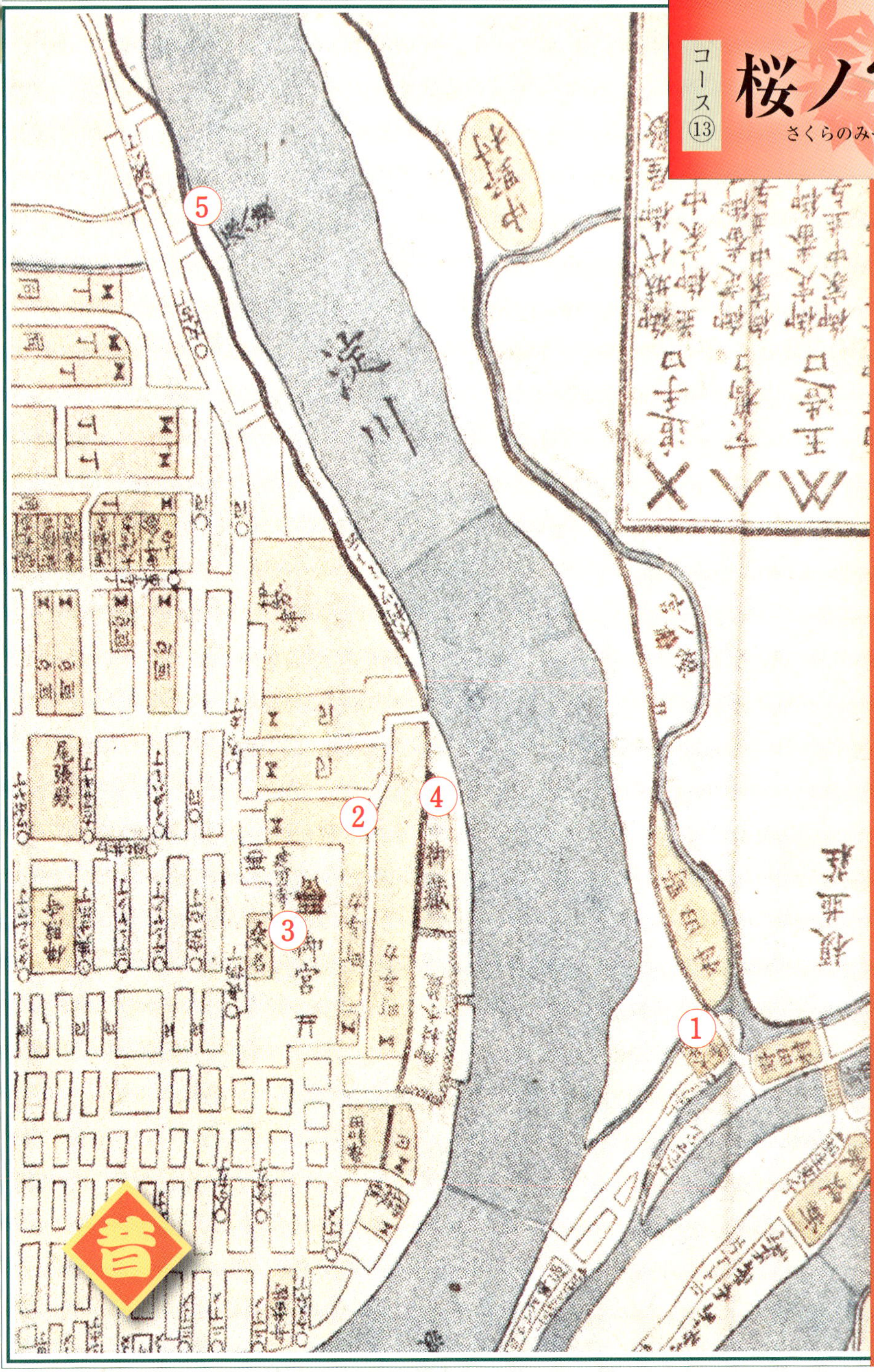

大阪都市協会『大阪古地図集成』（大阪市立図書館所蔵）

N
桜ノ宮駅
大阪環状線
源八渡し跡
5
大阪市立
都島中学校
大阪市立
中野小学校
帝国ホテル
大阪
大川
OAPタワー
OAPプラザ
毛馬桜之宮公園
大阪市立扇町総合
高等学校
大阪市立
北陵中学校
聖和病院
大長寺
1
洗心洞跡
2
大阪造幣局
4
JR東西線
川崎東照宮跡
3
大阪市立
滝川小学校
旧藤田邸跡公園
(大長寺跡)
1
造幣博物館
太閤園
地下鉄谷町線
30
大阪城北詰駅
Marmite
大阪市公館
大阪保健医療大学
京阪本線

桜ノ宮《さくらのみや》

都島から天満へ

造幣局の桜の通りぬけで名高い 大川沿いの桜之宮公園を歩く

桜ノ宮を流れる大川。江戸時代もたくさんの庶民が川遊びに興じていたといわれている

高層ビルと史跡を眺めて 往時の姿を偲ぶ

桜ノ宮は大川に沿って公園が広がり、春には造営局の通りぬけや、河岸を彩る桜並木に多くの人々が集う。OAPの高層ビルが並ぶ河岸に昔の姿を想像するのは難しいが、各所に残る史跡を訪ね、古地図を眺めながら散策すると、往時の町の姿が浮かんでくるようだ。

スマートなフォルムの川崎橋は古地図では川崎渡。源八渡の西岸に並ぶ家並みは、大阪城代配下の官舎街で、同心町、与力町は現在も町名として残っている。造幣局や泉布観など代表的な明治建築もあり、大阪の歴史を重層的に感じられる。

モデルコース〈所要時間〉約3時間

スタート JR東西線「大阪城北詰」駅
← 徒歩すぐ
① 旧藤田邸跡公園（大長寺跡）
← 徒歩20分
② 洗心洞跡
← 徒歩3分
③ 川崎東照宮跡
← 徒歩5分
④ 大阪造幣局
← 徒歩15分
⑤ 源八渡し跡
← 徒歩5分
ゴール JR大阪環状線「桜ノ宮」駅

①旧藤田邸跡公園(大長寺跡)《きゅうふじたていあとこうえん（だいちょうじあと）》

明治の実業家で男爵の藤田伝三郎の本邸庭園を復元した公園。藤田本邸は明治45(1912)年に大長寺を買収して建てられた。大長寺は近松門左衛門の『心中天網島』の舞台として知られ、元の場所から少し北に移転した現在の境内には、主人公の小春と紙屋治兵衛の比翼塚が立っている。

大阪市都島区網島町 10 ／ TEL 06-6312-8121（北部方面公園事務所）／ 10:00 ～ 16:00 ／入園自由

②洗心洞跡《せんしんどうあと》

大塩平八郎の乱で知られる、大塩平八郎(1793～1837)は儒学者で大坂町奉行の与力。洗心洞は平八郎が自宅に開いた私塾で、碑は造幣局の敷地内にある。造幣局内には、大塩の乱で大砲の攻撃によって裂けた槐(えんじゅ)の木があったとされる「大塩の乱槐跡」の碑も、国道1号線沿いの門近くの歩道にある。

大阪市北区天満 1-25 ／見学自由

③川崎東照宮跡《かわさきとうしょうぐうあと》

滝川小学校正門に碑がある。元和2(1616)年に徳川家康が死去すると、徳川幕府二代将軍秀忠は各地に家康を神として祀る東照宮建立を命じた。大阪ではこの地に造営されたが、明治6(1873)年に廃された。

大阪市北区天満 1-24
見学自由

④大阪造幣局《おおさかぞうへいきょく》

明治4(1871)年に操業されたわが国唯一の貨幣鋳造所。併設の造幣博物館は、明治44(1911)年に火力発電所として建てられた、造幣局内に唯一残る明治時代の西洋風建物だ。桜の通りぬけでも知られる。

大阪市北区天満 1-1-79
TEL 06-6351-5361（造幣博物館は 06-6351-8509）
門外からの見学は自由（造幣博物館は 9:00 ～ 16:00、土・日曜休、臨時休あり、無料）

⑤源八渡し跡《げんぱちわたしあと》

江戸時代から昭和11(1936)年まで渡しがあり、碑は源八橋からすぐのところにある。明治中頃まで両岸には桜並木があり、春には多くの人々で賑ったという。与謝蕪村の「源八をわたりて梅の主かな」の句も残る。

大阪市北区天満橋 2
見学自由

ひとやすみ

Marmite《マルミット》

マルミット鍋 2900 円は要予約

たくさんの野菜と牛ほほ肉などを使ったコラーゲンたっぷりの、ブイヨンスープで味わう「マルミット鍋」が人気。

大阪市北区天満 1-8-12 青柳ビル 1F ／ TEL 06-6352-8111 ／ 11:30 ～ LO13:00、17:30 ～ LO21:00（日曜、祝日は夜のみ営業）／火曜休

コース⑭

なんば・恵美須町《なんば・えびすちょう》

文政八年（一八二五）『文政新改摂州大阪全図』

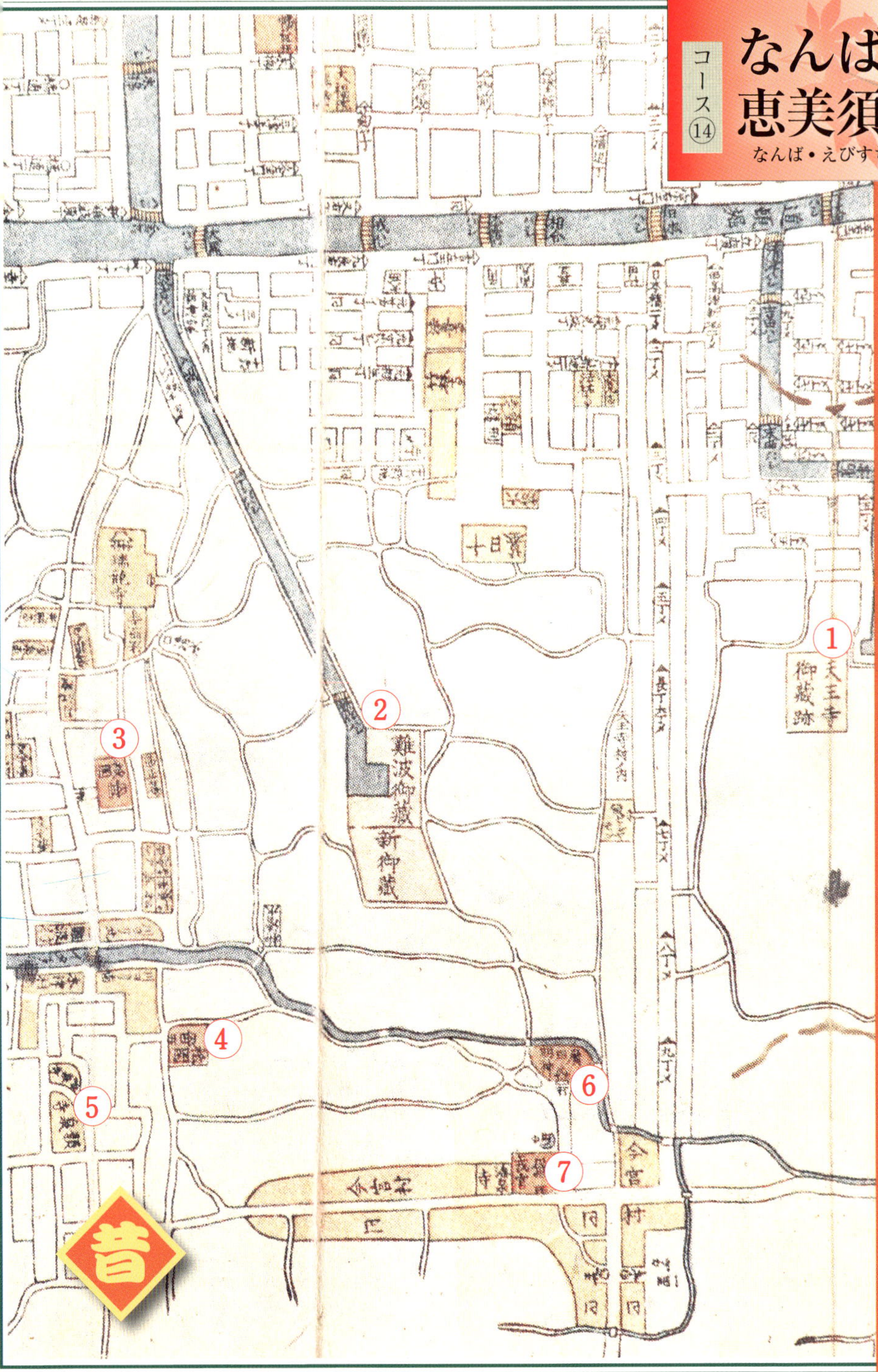

大阪都市協会『大阪古地図集成』（大阪市立図書館所蔵）

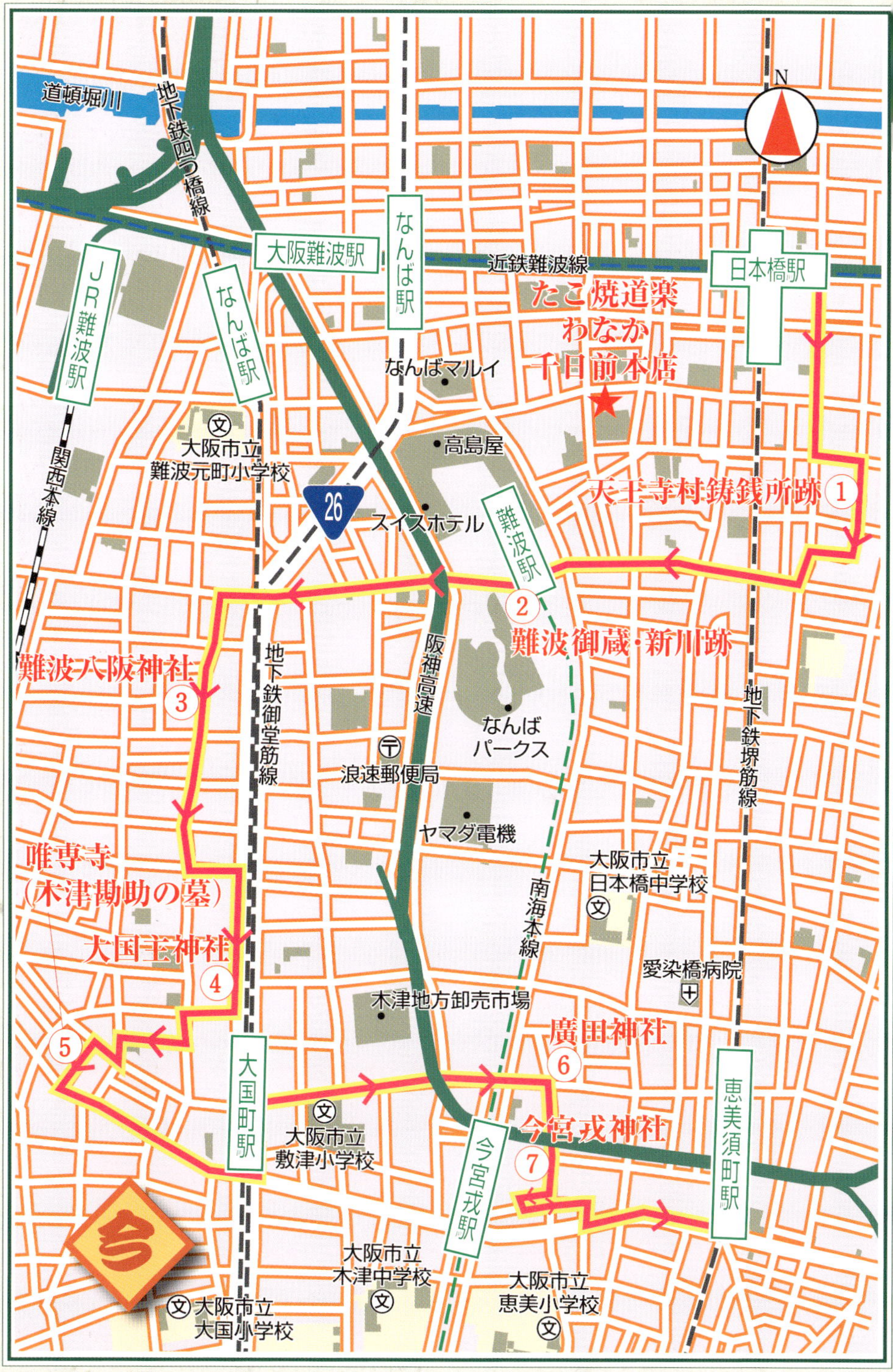

N
道頓堀川
地下鉄四つ橋線
大阪難波駅
なんば駅
近鉄難波線
日本橋駅
JR難波駅
なんば駅
たこ焼道楽
わなか
千日前本店
なんばマルイ
高島屋
大阪市立
難波元町小学校
関西本線
26
スイスホテル
天王寺村鋳銭所跡 1
難波駅
2
難波御蔵・新川跡
難波八阪神社
3
地下鉄御堂筋線
阪神高速
なんば
パークス
浪速郵便局
地下鉄堺筋線
ヤマダ電機
唯専寺
（木津勘助の墓）
大阪市立
日本橋中学校
南海本線
大国主神社
4
愛染橋病院
木津地方卸売市場
5
廣田神社
6
大国町駅
大阪市立
敷津小学校
今宮戎神社
7
恵美須町駅
今宮戎駅
大阪市立
木津中学校
大阪市立
恵美小学校
大阪市立
大国小学校
今

なんば・恵美須町《なんば・えびすちょう》

日本橋から恵美須町へ

大阪有数の繁華街なんばから庶民の崇敬を集める神社を巡る

今は大阪で1、2を争う繁華街の難波界隈も、江戸時代には農村だったという

今は繁華街のなんばも農地が広がる村だった

難波は今でこそ大阪を代表する繁華街として栄えているが、江戸時代には千日前通り以南の難波は大坂市中ではなく難波村と呼ばれた農村地帯。稲作には不向きだったため、主に作られていたのは野菜だったという。すぐ南には同じように農村だった木津村、今宮村、四天王寺の門前町だった天王寺村といった村々が広がっていた。

この辺りの古地図を見ると最初に目につくのが難波御蔵。備蓄米を収蔵していた蔵で、現在のなんばパークスの辺りに建てられていた。現在、南海電車の高架脇に「難

モデルコース〈所要時間〉約3時間

スタート
地下鉄堺筋線・千日前線「日本橋」駅
近鉄難波線「日本橋」駅
← 徒歩5分
1 天王寺村鋳銭所跡
← 徒歩10分
2 難波御蔵・新川跡
← 徒歩12分
3 難波八阪神社
← 徒歩5分
4 大国主神社
← 徒歩6分
5 唯専寺（木津勘助の墓）
← 徒歩11分
6 廣田神社
← 徒歩2分
7 今宮戎神社
← 徒歩5分
ゴール
地下鉄堺筋線「恵美須町」駅

波御蔵・新川跡碑」が設置されている。

古くから市が立つ、人が集まるエリア

村とはいえ市中に隣接していたため人口も多く、難波村には百姓市、木津村には現在の木津卸売市場の前身といわれる野立ち売り、天王寺村では現在の黒門市場付近で魚商人が集まり魚の売買を行うなど活気にあふれていたという。

また、江戸時代よりずっと以前、平安や奈良時代を起源とする神社がいくつも見られる。

境内に飢饉に際して米蔵を襲い庶民に分け与えた義侠・木津勘助の銅像が建つ大国主神社や、大阪商人から篤い信仰を集める今宮戎神社などもそうした古社のひとつで、古い大阪の姿を今に伝えている。

昔の面影を残しつつ発展していくなんば界隈

「大阪の台所」として名高い黒門市場

今宮戎神社境内には、俳人阿波野青畝（せいほ）の句碑が立つ

大国主神社の大国さん

④ 大国主神社

●おおくにぬしじんじゃ

大国町の名の由来にもなった神社。神功皇后が三韓平定からの帰路に素戔嗚尊（すさのおのみこと）を祀ったとされる敷津松之宮と相殿になっている。江戸時代の地図を見ると天王社や祇園社などと記され、延享元（1744）年に出雲大社を勧請して大国主神社を祀って以来、「木津の大国さん」と庶民に親しまれてきた。社殿の前には愛らしい狛ネズミが鎮座しているほか、境内の北東には飢饉の際に米蔵を破り窮民に配ったことで知られる木津勘助の像がある。

大阪市浪速区敷津西 1-2-12
TEL 06-6641-4353 ／参拝自由

③ 難波八阪神社

●なんばやさかじんじゃ

綱引神事で知られる神社。境内に建つ大きな獅子頭の形をした獅子舞台が、参拝する人の目を奪っている。いつ創建されたかは分からないものの、後三条天皇の代（1068～1073）には古社として知られていたという。かつては七堂伽藍が立ち並んでいたが、兵火と明治維新後の廃仏毀釈で寺は消滅した。

大阪市浪速区元町 2-9-19
TEL 06-6641-1149 ／参拝自由

② 難波御蔵・新川跡

●なんばおくら・しんかわあと

難波御蔵は享保17（1732）年の飢饉に際して設けられた幕府直轄の米蔵。東西126m 南北324m の敷地に 8 棟の米蔵があり、救援米を貯蔵していた。蔵への運搬のために、道頓堀川から堀を開削して作ったのが難波新川。新川は明治以降も残っていたが昭和33（1958）年には埋め立てられ姿を消した。

大阪市浪速区難波中 2-8
見学自由

⑦ 今宮戎神社《いまみやえびすじんじゃ》

商売繁盛の神様「えべっさん」として篤く信仰される神社。創建は古く、聖徳太子が四天王寺を建立したときに西方の鎮護としてお祀りしたのが始まり。江戸時代、大阪が商業の町として繁栄すると商業を護る神様として篤く崇敬されるようになり、「十日戎」もこの頃から賑わいをみせるようになった。

大阪市浪速区恵美須西 1-6-10
TEL 06-6643-0150 ／参拝自由

① 天王寺村鋳銭所跡《てんのうじむらちゅうせんじょあと》

大阪市中央区日本橋2-12 黒門公園内／見学自由

銀座年寄りが幕府の許可を得て元文５（1740）年に建てた鋳銭所があった地。年間 20 万貫もの寛永通宝を作っていたが、不正があるなど営業がうまくいかず、延享２（1745）年には操業が中止された。

ひとやすみ

たこ焼道楽 わなか 千日前本店《たこやきどうらく わなか せんにちまえほんてん》

「おおいり」500 円

なんばグランド花月横にある人気のたこ焼き店。大粒のやわらかいタコが入ったたこ焼きは８個 400 円〜。

大阪市中央区千日前 11 - 19
TEL 06-6631-0127／10:00〜23:30（土・日曜・祝日は 9:00 〜）／無休

⑥ 廣田神社《ひろたじんじゃ》

アカエ（赤えい）信仰で有名な神社。アカエは痔疾をはじめ難病悪疫の守り神として広く信仰されていて、アカエを断つ、つまり断食して祈願すれば難病も治癒するとされた。古代のこの地域は海辺に近かったことから、船底の冷えなどで漁師に多かったといわれる痔疾が信仰に結び付いたのではとされている。

大阪市浪速区日本橋西 2-4
TEL 06-6641-1771 ／参拝自由

⑤ 唯専寺《ゆいせんじ》（木津勘助の墓《きづかんすけのはか》）

石山合戦では本願寺側に属し織田信長と戦った浄土真宗の寺院。寛永の大飢饉の際に米蔵を破り民衆を助け流罪となった木津勘助の墓がある。勘助は、本名を中村勘助といい、相模の出身。木津村に移り住んだため、「木津の勘助」と呼ばれるようになった。豊臣秀吉の家臣として、木津川などの開発を手がけた。

大阪市浪速区敷津西 2-13 ／ TEL 06-6631-5445
9:00 ～ 17:00 ／参拝自由

コース⑮

本町《ほんまち》・心斎橋《しんさいばし》

文久三年（一八六三）『改正増補国宝大阪全図』

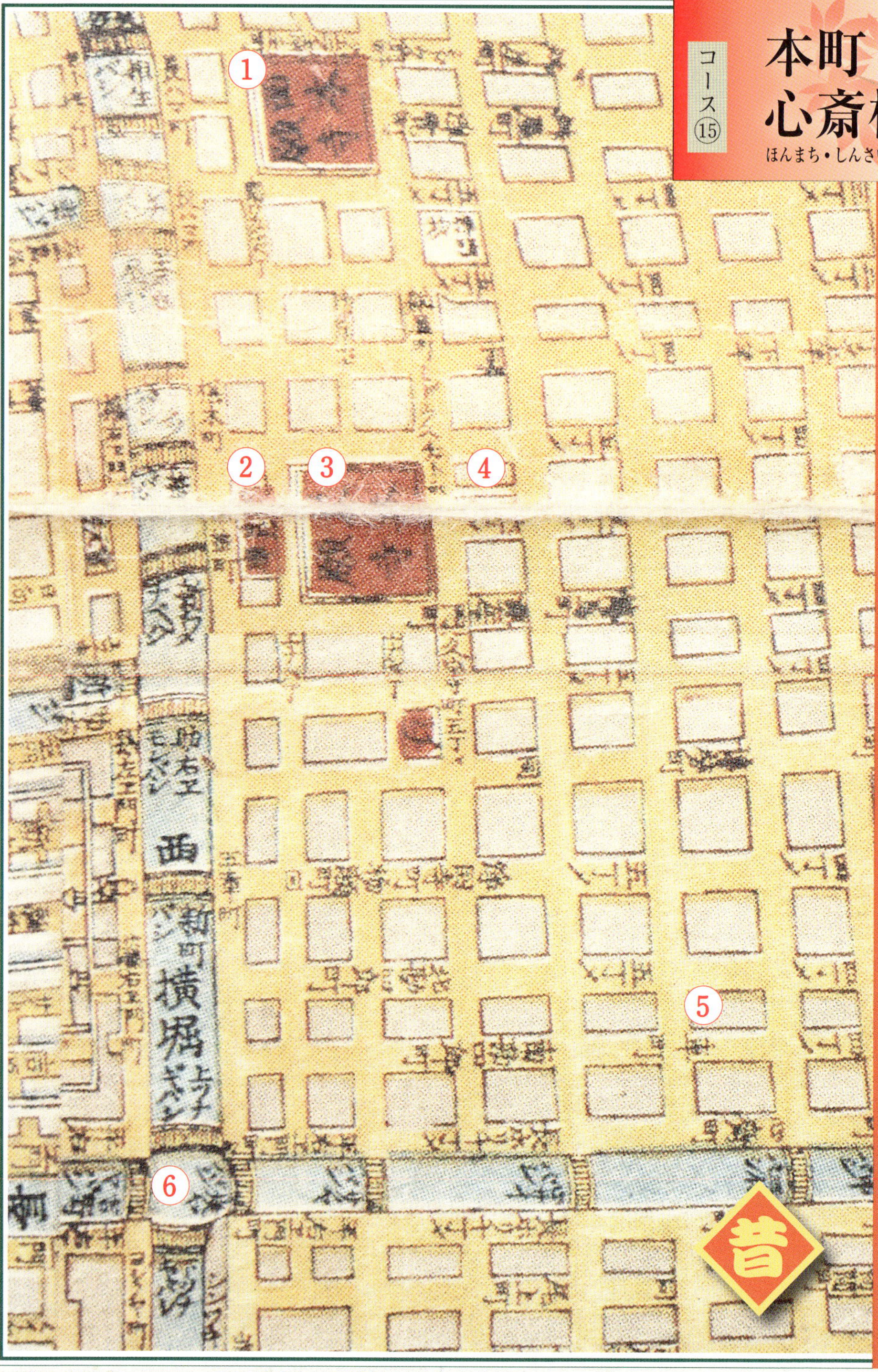

大阪都市協会『大阪古地図集成』（大阪市立図書館所蔵）

北御堂(本願寺津村別院) 1
相愛高校
本町駅
本町駅
本町駅
N
地下鉄中央線
阪神高速
坐摩神社
2
4 芭蕉終焉の地
3 南御堂(真宗大谷派難波別院)
船場郵便局
四つ橋筋
御堂筋
難波神社
日本料理
美松
地下鉄四つ橋線
地下鉄御堂筋線
大阪市立南幼稚園
大阪農林会館
5
橋本宗吉絲漢堂跡
東急ハンズ
四ツ橋駅
心斎橋駅
心斎橋駅
地下鉄長堀鶴見緑地線
6 四ツ橋跡

本町・心斎橋《ほんまち・しんさいばし》

本町から心斎橋へ

大阪ビジネスの中心地本町から江戸時代から賑わった心斎橋へ

心斎橋の御堂筋沿いには世界的なブランドのブティックが軒を並べる

道筋にも時代を映す大坂商業の中心地船場界隈

古地図には、西横堀川、長堀川が流れ、整然と碁盤の目に区画された町が広がっている。さらに北にある土佐堀川とこれらの川に囲まれた場所が船場で、江戸時代に天下の台所と呼ばれた大坂の商業、流通の中心であり、大坂町人文化の中心地だった。本町通りから南は江戸時代には大坂三郷の南組に属し、現在では南船場と呼ばれる。

心斎橋の歴史を綴った碑

モデルコース〈所要時間〉約2時間

スタート　地下鉄御堂筋線・中央線・四つ橋線「本町」駅
← 徒歩すぐ
1 北御堂（本願寺津村別院）
← 徒歩10分
2 坐摩神社
← 徒歩2分
3 南御堂（本願寺難波別院）
← 徒歩3分
4 芭蕉終焉の地
← 徒歩13分
5 橋本宗吉絲漢堂跡
← 徒歩10分
6 四ツ橋跡
← 徒歩すぐ
ゴール　地下鉄四つ橋線「四ツ橋」駅

まず向かうのは、北御堂と呼ばれる本願寺津村別院。古地図にもはっきりと南北に本願寺が記載されている。南御堂、北御堂が道沿いに並ぶことを名の由来にする御堂筋は、昭和元（１９２６）年〜昭和12（１９３７）年に拡幅されるまでは淀屋橋筋で、北御堂と南御堂の間だけが御堂筋と呼ばれていたという。

堂々とした姿を見せる北御堂の山門

南御堂の梵鐘は文禄５（1596）年に鋳造されたもの

終日賑わう心斎橋筋は３５０年以上続く繁華街

御堂筋の一つ東の通りが心斎橋筋。18世紀にはすでに買い物の町として形成され、江戸時代を通じて大坂の小売業での中心的な役割をはたしていた。現在も大阪ミナミ随一の繁華街として賑わっているのはご存じの通り。心斎橋筋の名は長堀川に架かっていた心斎橋に由来する。江戸時代には新町遊郭から劇場が立ち並ぶ道頓堀へ抜けられる道筋だったことが、心斎橋筋を繁栄させたという。昭和38（１９６３）年に長堀川は埋め立てられ、不要となった心斎橋は陸橋の頂部に移築された。長堀川だけでなく、西横堀川も今は道路になっており、地名や駅名、そして通りや筋の名が川と橋の往時の名残を今に伝えている。

御堂筋は南北の御堂を結ぶことが名前の由来

① 北御堂(本願寺津村別院)

●きたみどう(ほんがんじつむらべついん)

蓮如上人により、大坂御坊(後の石山本願寺)が建てられたのは明応5(1496)年。周辺には寺内町が形成されて商・工業が発達、近世大阪発展の基礎となった。織田信長の石山本願寺攻めのあと本願寺は大坂を離れたが、真宗門徒たちは天満に近い場所に集会所を造り、慶長2(1597)年に津村郷と呼ばれていた現在地に移り坊舎を建立。明治元(1868)年には地方官庁としての大阪鎮台が置かれ、明治天皇の行在所となった。昭和20(1945)年の大阪空襲で焼失し、昭和39(1964)年に再建。

大阪市中央区本町 4-1-3 ／ TEL 06-6261-6796
7:00 ～ 16:00 ／参拝自由

③ 南御堂(真宗大谷派難波別院)

●みなみみどう(しんしゅうおおたにはなんばべついん)

文禄4(1595)年に本願寺第12代教如上人が渡辺の地に創建。その2年後に豊臣秀吉の大坂城の拡張に際して現在地に移転した。関ヶ原の合戦に勝利した徳川家康によって京都七条の地を寄進された教如は、京都を本山とし大阪の大谷本願寺を難波別院とした。江戸時代中期には本堂をはじめ諸殿を再建して、大伽藍の威容を誇ったが、昭和20年の大阪空襲で焼失し、16年の歳月をかけて昭和36年に再建された。境内には教如創建当時に鋳造された梵鐘が残っている。

大阪市中央区久太郎町 4-1-11 ／ TEL 06-6251-5820
6:00 ～ 16:00 ／参拝自由

② 坐摩神社《いかすりじんじゃ》

摂津国一之宮として尊崇される古社。豊臣秀吉の大坂城築城の際に現社地へ遷座。旧社地付近（現在の天満橋西方）は渡辺と呼ばれ、全国の渡辺姓発祥の地とされる。江戸時代後期に上方落語中興の祖、初代桂文治がここで最初の寄席を開いたことから、境内には「上方落語寄席発祥の地」の碑が立っている。

大阪市中央区久太郎町 4 渡辺 3 号／ TEL 06-6251-4792
7:30 ～ 17:30（土・日曜、祝日は～ 17:00）／参拝自由

⑥ 四ツ橋跡《よつばしあと》

大阪市西区新町 1-4
見学自由

東西に流れる長堀川と南北に流れる西横堀川が交差する場所にあり、東に角屋橋、西に吉野屋橋、南は下繋橋、北は上繋橋が架かり、あわせて四ツ橋と呼んでいた。川が埋め立てられて碑だけが四ツ橋交差点の分離帯に残る。

ひとやすみ

日本料理 美松《にほんりょうりみまつ》

昼のミニコース 2000 円

和風モダンの落ち着いた空間で、旬の食材を使った繊細な味付けの日本料理をリーズナブルな値段で味わえる。

大阪市中央区博労町 4-6-17 第三丸栄ビル 1F
TEL 06-6241-8099
11:30 ～ 14:30、17:30 ～ LO 22:30 ／日曜休

④ 芭蕉終焉の地《ばしょうしゅうえんのち》

松尾芭蕉は元禄7（1694）年に南御堂の門前にあった旅宿、花屋仁左衛門方の離れ座敷で51歳の生涯を閉じた。終焉の地は現在、御堂筋の拡幅により道路となっており、碑はそのグリーンベルトに立っている。南御堂の境内の一角には、芭蕉の最期の句「旅に病んで夢は枯野をかけめぐる」の碑がある。

大阪市中央区久太郎町 3-5
見学自由

⑤ 橋本宗吉絲漢堂跡《はしもとそうきちしかんどうあと》

橋本宗吉（1763 ～ 1863）は、大坂の蘭学の基礎を築いた人物として評価されている。『解体新書』を著した杉田玄白とも交流があり、東西の蘭学を結ぶ人物としても位置づけられている。絲漢堂は医院と学塾を兼ねた私塾で、橋本はここで診療し、教育活動を行った。

大阪市中央区南船場 3-3-23 ／見学自由

コース⑯

道頓堀《どうとんぼり》

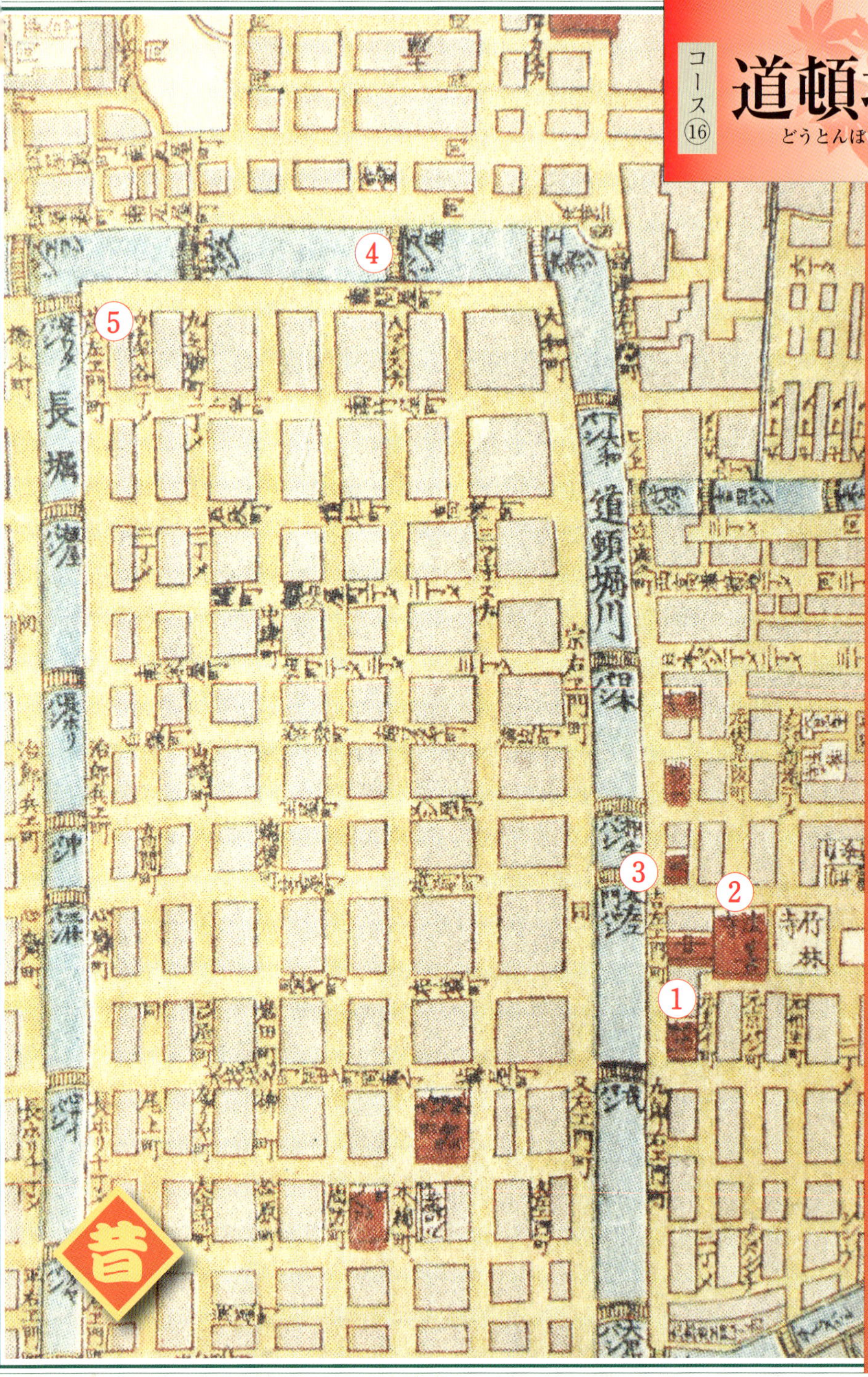

文久三年（一八六三）『改正増補国宝大阪全図』

大阪都市協会『大阪古地図集成』（大阪市立図書館所蔵）

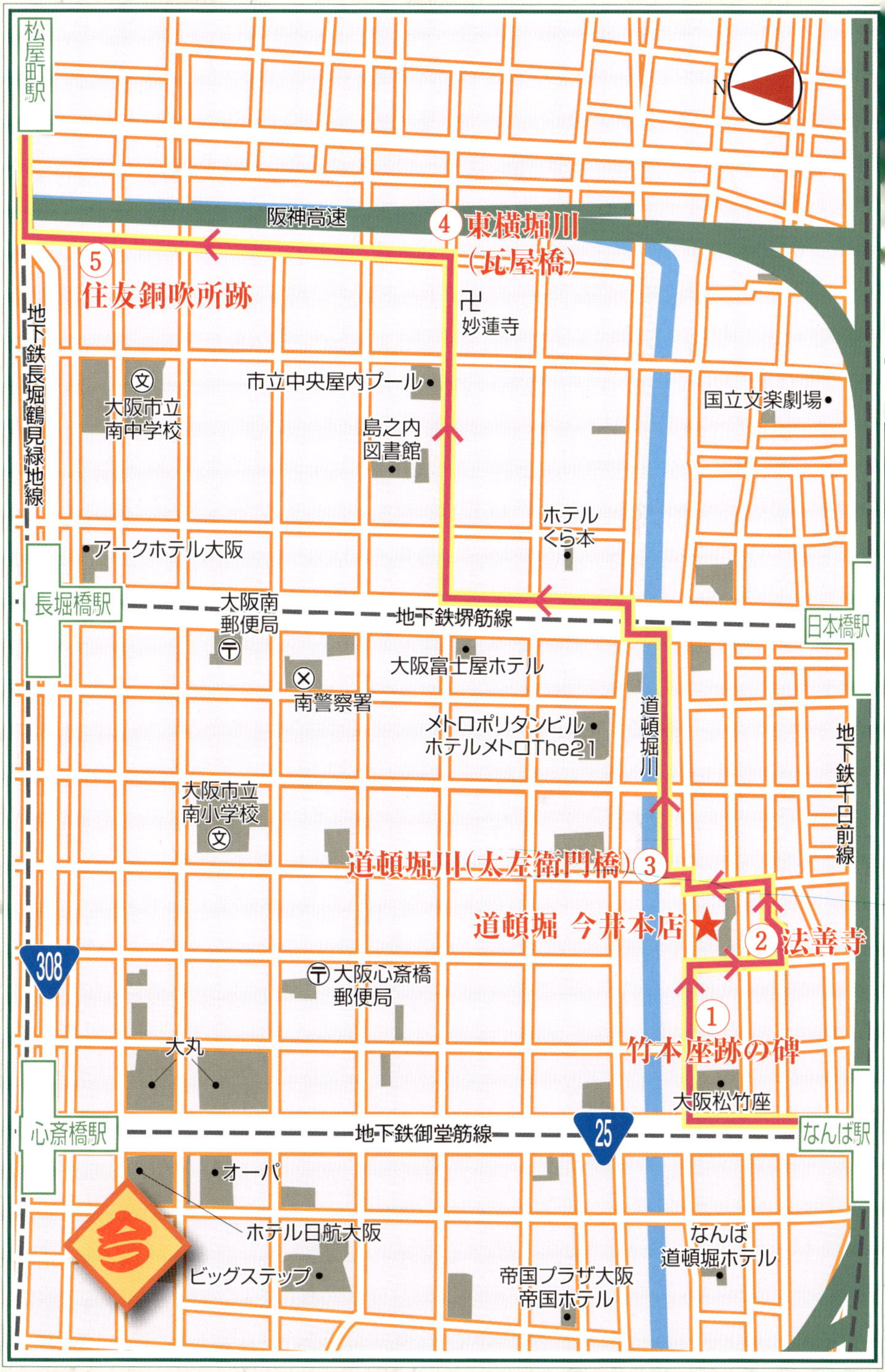

N
松屋町駅
阪神高速
4 東横堀川（瓦屋橋）
5 住友銅吹所跡
妙蓮寺
地下鉄長堀鶴見緑地線
市立中央屋内プール
大阪市立南中学校
島之内図書館
国立文楽劇場
ホテルくら本
アークホテル大阪
長堀橋駅
大阪南郵便局
地下鉄堺筋線
日本橋駅
大阪富士屋ホテル
南警察署
メトロポリタンビル ホテルメトロThe21
道頓堀川
地下鉄千日前線
大阪市立南小学校
道頓堀川（太左衛門橋）3
道頓堀 今井本店
2 法善寺
308
大阪心斎橋郵便局
1 竹本座跡の碑
大丸
大阪松竹座
心斎橋駅
地下鉄御堂筋線
25
なんば駅
オーパ
ホテル日航大阪
なんば道頓堀ホテル
ビッグステップ
帝国プラザ大阪 帝国ホテル

道頓堀《どうとんぼり》

道頓堀川から東横堀川へ

大阪を象徴する賑やかな街は今も昔も浪花文化の発信地

江戸時代から娯楽を求める庶民で賑わった道頓堀。今は巨大な看板が人々を楽しませている

芝居町を移転させた、ネオン彩る庶民の町

「赤い灯、青い灯」で始まる「道頓堀行進曲」は昭和3(1929)年に登場以来、大阪を代表する歌として親しまれてきた。その道頓堀を古地図で見ると、道頓堀川など4つの川に囲まれて、町は整然とした区画に分かれている。

道頓堀川が開削されたのは約400年前、安井(成安)道頓による。道頓が大坂夏の陣で戦死すると徒兄弟の道卜(どうぼく)らが引き継ぎ完成した。また、道卜は町の振興策として芝居町を南船場から移転させ、道頓堀は歌舞伎や人形浄瑠璃のメッカに。今では派手な看板が並び、庶民の町として知られる。

モデルコース〈所要時間〉約2時間

スタート
地下鉄御堂筋線・千日前線・四ツ橋線「なんば」駅
近鉄難波線「大阪難波」駅
← 徒歩3分
① 竹本座跡の碑
← 徒歩2分
② 法善寺
← 徒歩3分
③ 道頓堀川(太左衛門橋)
← 徒歩15分
④ 東横堀川(瓦屋橋)
← 徒歩6分
⑤ 住友銅吹所跡
← 徒歩3分
ゴール
地下鉄長堀鶴見緑地線「松屋町」駅

⑤ 住友銅吹所跡《すみともどうふきしょあと》

江戸時代、日本は世界有数の銅産出国で、大坂は銅精錬の中心地だった。住友長堀銅吹所は寛永13(1636)年に住友家が開設した日本最大の銅製錬所。のちの住友財閥のルーツとなっている。明治９(1876)年の銅吹所閉鎖後は大正時代までは住友家本邸、昭和20年(1945)までは別邸だった。

大阪市中央区島之内 1-6-7
見学自由

④ 東横堀川《ひがしよこぼりがわ》

天正13(1585)年に豊臣秀吉の命により大坂城西惣構として開削された大阪最古の堀川。のちに、この川の堀止から西へ道頓堀川、末吉橋下流から西へ長堀川が開削された。現在は阪神高速環状1号線が上を走っている。

大阪市中央区船場・島之内
散策自由

ひとやすみ

道頓堀 今井本店《どうとんぼり いまいほんてん》

定番のきつねうどん 735円

創業67年のうどん店。北海道産昆布と九州産かつお節を使った、コクと旨みのある上品な薄味のだしが人気。

大阪市中央区道頓堀 1-7-22 ／ TEL 06-6211-0319 ／ 11:00～22:00 (LO21:30) ／水曜休

② 法善寺《ほうぜんじ》

昔から人々の信仰を集めてきた水かけ不動で名高い。恋愛成就、商売繁盛などを祈願する参拝客が数多く訪れる。この寺の境内の露店から発展したのが、織田作之助の小説『夫婦善哉』でも知られる法善寺横丁。細い道筋に老舗の小料理屋などが並び、打ち水された石畳道も情緒にあふれている。

大阪市中央区難波 1-2-16
TEL 06-6211-4152
参拝自由

① 竹本座跡の碑《たけもとざあとのひ》

竹本義太夫(1651～1714)が貞享元(1684)年に道頓堀戎橋南詰に開いた人形浄瑠璃の劇場。近松門左衛門を座付作者に迎えて隆盛を極めた。やがて浄瑠璃が衰退、明和４(1767)年に廃座となった。

大阪市中央区道頓堀 1-8
見学自由

③ 道頓堀川《どうとんぼりがわ》

安井(成安)道頓らが作った運河。川に沿う町筋は飲食店が立ち並ぶ「食いだおれ」の街大阪のシンボルで、また「とんぼりウオーク」と名付けられた遊歩道が作られている。日本橋の北詰に「安井道頓・道卜紀功碑」がある。

大阪市中央区道頓堀
散策自由

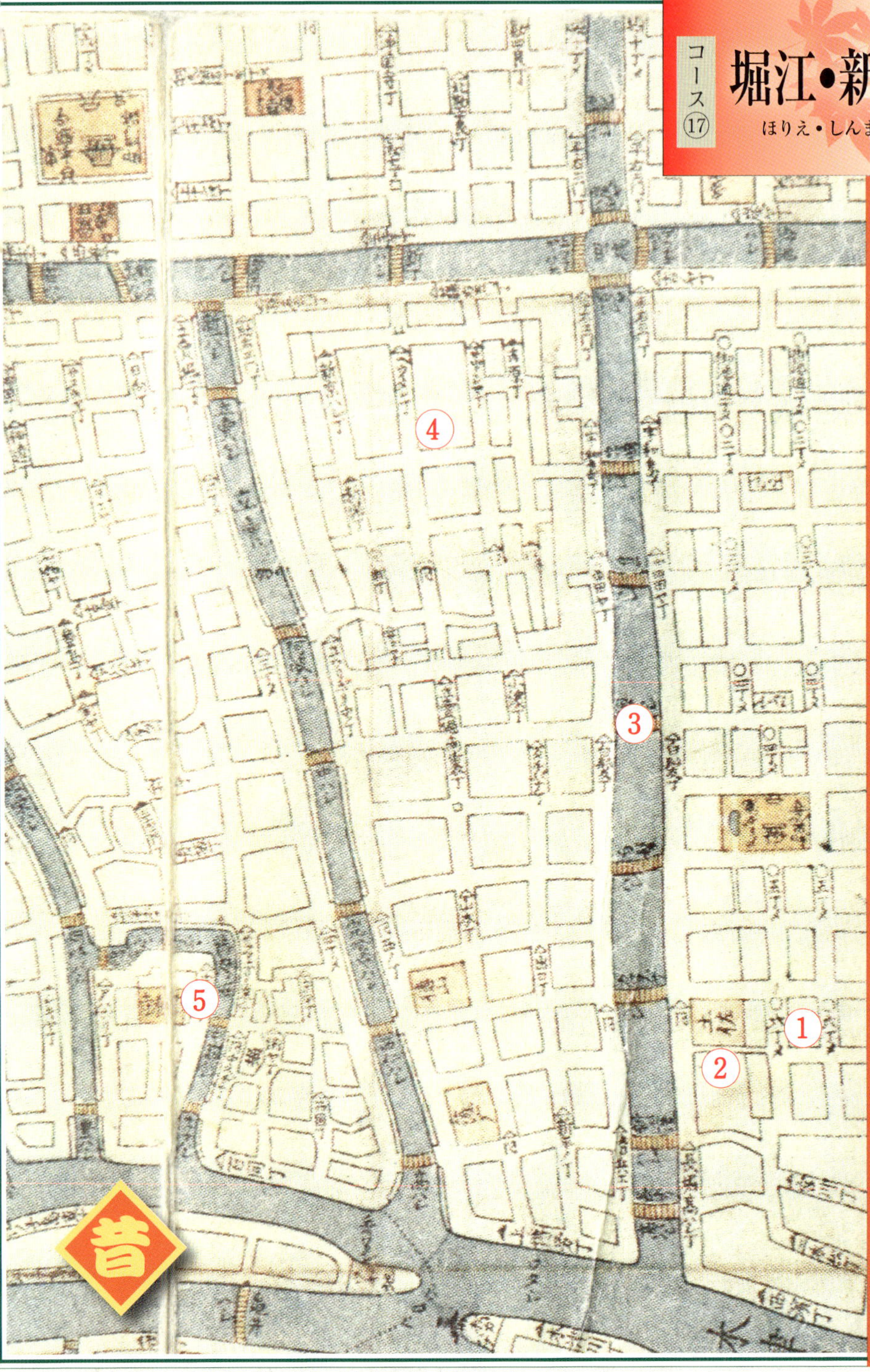

文政八年（一八二五）『文政新改摂州大阪全図』

大阪都市協会『大阪古地図集成』（大阪市立図書館所蔵）

N
本町駅
心斎橋駅
阪神高速
地下鉄四つ橋線
四ツ橋駅
173
新町北公園
オリックス劇場
新町九軒桜堤の碑
4
Room café
ロカ
西大橋駅
41
大阪市立
明治小学校
地下鉄長堀鶴見緑地線
3
間長涯
天文観測の地
大阪市立
堀江小学校
大阪
問屋橋郵便局
地下鉄中央線
5
薩摩堀川跡の碑
阿波座駅
大阪市立
明治小学校
分校
29
地下鉄千日前線
西長堀駅
西長堀駅
1
木村蒹葭堂邸跡
阿波座駅
大阪市
西区役所
2
土佐稲荷神社
日生病院
大阪市立
西高等学校

堀江・新町

ほりえ・しんまち

西長堀から阿波座へ

河川に囲まれた島だったという堀江一帯が辿った歴史を偲ぶ

西長堀駅周辺、新なにわ筋沿いには、中央図書館や文化センターなど市の施設が集まっている

4つの川に囲まれていた大阪の新開地

現在、木津川と道頓堀川以外の川はなくなっているが、かつて堀江は東を西横堀川、西が木津川、南は道頓堀川、北を長堀川に囲まれた島の名だったという。江戸時代に堀江川などが開削され、堀江新地が開かれる。幕府は産業も活気もない町に商業を営みやすいよう優遇策を打ち出し、水運の便も良い物資の集積地、生産地として繁栄するようになった。

大阪の新開地だけに、往時も今も整然とした町筋。埋め立てられた川筋のあとをたどって散策すれば、かつての堀江を身近に感じることができる。

モデルコース

〈所要時間〉約2時間

スタート

地下鉄千日前線・長堀鶴見緑地線「西長堀」駅

徒歩すぐ

① 木村蒹葭堂邸跡

徒歩3分

② 土佐稲荷神社

徒歩11分

③ 間長涯 天文観測の地

徒歩6分

④ 新町九軒桜堤の碑

徒歩15分

⑤ 薩摩堀川跡の碑

徒歩すぐ

ゴール

地下鉄千日前線・中央線「阿波座」駅

④新町九軒桜堤の碑

●しんまちくけんさくらづつみのひ

新町北公園にある。新町は堀江新地が開発された折の幕府の優遇策の一つとして、大阪で唯一公認された廓のあった場所。なかでも九軒町は格式の高い町筋だった。文政2（1819）年にこの地に桜が植えられ、やがて廓内全体に植樹されて大阪大空襲で焼けるまで美しく周囲を彩っていた。

大阪市西区新町 1-15 新町北公園内
見学自由

⑤薩摩堀川跡の碑

●さつまほりかわあとのひ

町なかにひっそりとある薩摩堀公園に碑が立つ。薩摩堀川は寛永7(1630)年に大坂天満組の惣年寄を務めた薩摩屋仁兵衛によって開削された運河。以後、薩摩からの商船はこの運河を利用して、物産を大坂へと届けた。

大阪市西区立売堀4-2 薩摩堀公園内／見学自由

ひとやすみ

Room café ロカ

●ルームカフェ ロカ

今日の日替わりごはん 800円

友だちの家感覚でくつろげる店。超人気メニューの「今日の日替わりごはん」は旬の材料を使ったやさしい味だ。

大阪市西区新町 1-29-16 第５中村興産ビル半地階
TEL06-6532-1524／11:30～17:30(LO16:30)、金・土曜は～22:00(LO21:00)／日曜・祝日休

②土佐稲荷神社

●とさいなりじんじゃ

土佐藩蔵屋敷跡の公園、土佐公園にあり、古くから蔵屋敷に鎮座していたとされる神社。岩崎弥太郎はここで土佐藩の九十九商会の責任者となっていたが、廃藩置県ののちには、蔵屋敷と稲荷神社をともに譲られ、この地が三菱グループの創業の地となった。境内には岩崎邸跡の石碑が立っている。

大阪市西区北堀江 4-9-7
TEL 06-6531-2826
参拝自由

①木村蒹葭堂邸跡

●きむらけんかどうていあと

北堀江の裕福な商家の長子として生まれた木村蒹葭堂（1736～1802）は大阪を代表する文人。本草学、文学、物産学などに通じ、オランダ語やラテン語も解したといい「知の巨人」とも評価されている。

大阪市西区北堀江 4-3
見学自由

③間長涯 天文観測の地

●はざまちょうがい てんもんかんそくのち

間長涯（1756～1816）は町人の天文学者。幕府が着手した改暦に参画し、みごとこれを完成させたことにより直参に取り立てられた。観測地の石碑近くに昔架かっていた富田屋橋北詰めに長涯の屋敷があったという。

大阪市西区新町 2
見学自由

コース⑱

阿波座・九条《あわざ・くじょう》

文政八年（一八二五）『文政新改摂州大阪全図』

大阪都市協会『大阪古地図集成』（大阪市立図書館所蔵）

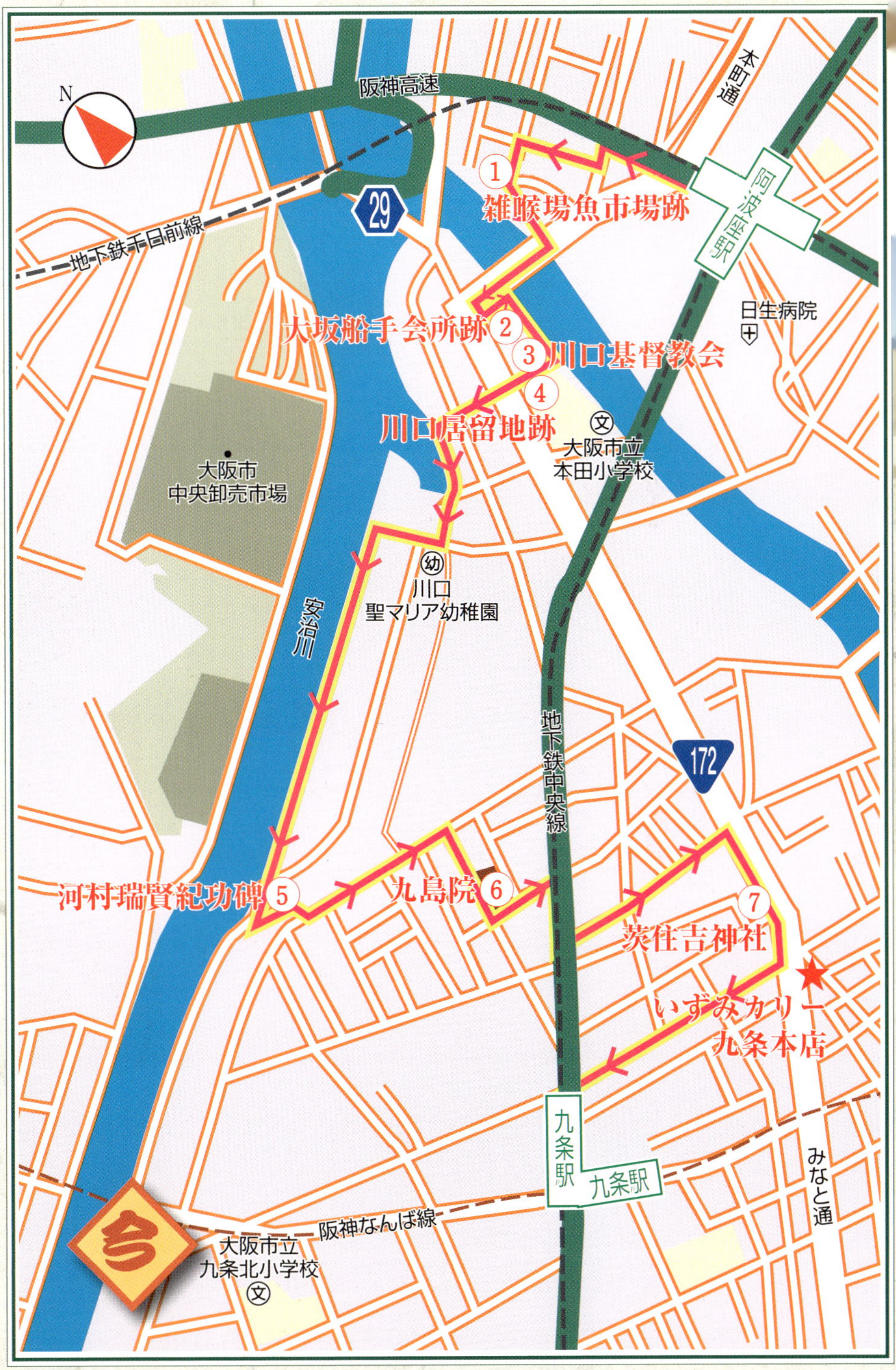
N
阪神高速
本町通
阿波座駅
地下鉄千日前線
29
1
雑喉場魚市場跡
2
大坂船手会所跡
3
川口基督教会
4
川口居留地跡
日生病院
大阪市立
本田小学校
大阪市
中央卸売市場
幼
川口
聖マリア幼稚園
安治川
地下鉄中央線
172
5
河村瑞賢紀功碑
6
九島院
7
茨住吉神社
いずみカリー
九条本店
九条駅
九条駅
みなと通
阪神なんば線
大阪市立
九条北小学校
文

阿波座・九条

あわざ・くじょう

阿波座から九条へ

新田開発に安治川開削
江戸時代の事業の成果を確認

レンガ造りの川口基督教会は、かつてここに外国人居留地があったことを今に伝えている

昭和の初めまで続いた魚市場があった阿波座

西区九条近辺は江戸時代には「難波八十島」のひとつで九条島と呼ばれていた。寛永年間ころから新田がいくつも開発された場所だ。明治になると川口周辺に外国人居留地が整備され、大阪でいち早く西洋化が進んだ地域でもある。

地下鉄阿波座駅周辺は江戸時代には多くの堀川が流れていて、さまざまな荷を

買い物客で賑わうナインモール九条

モデルコース
〈所要時間〉約2時間30分

- スタート　地下鉄千日前線・中央線「阿波座」駅
- ← 徒歩4分
- 1 雑喉場魚市場跡
- ← 徒歩4分
- 2 大坂船手会所跡
- ← 徒歩2分
- 3 川口基督教会
- ← 徒歩すぐ
- 4 川口居留地跡
- ← 徒歩15分
- 5 河村瑞賢紀功碑
- ← 徒歩6分
- 6 九島院
- ← 徒歩8分
- 7 茨住吉神社
- ← 徒歩6分
- ゴール　地下鉄中央線 阪神なんば線「九条」駅

浪花百景の浮世絵とともに木津川橋について書かれた案内板

運ぶ船が行き来していたところで、「雑喉場魚市場跡」の碑が木津川橋の手前を少し北へ入った場所に建っている。木津川を渡った川口周辺は大阪が開港した時に外国人居留地が設けられていた。当時は西洋式の建物が並ぶハイカラな場所だった。今はマンションや倉庫などが立ち並び、川口基督教会がわずかにその面影を残しているのみ。

旧川口居留地に残るレンガ造りのビル

安治川の改修工事をし水運の要所として発展

そこから南は九条島新田と呼ばれ、江戸時代になり開発が行われた農村だった。古地図にも見られる茨住吉神社はその頃に勧請した九条の氏神。当初は度重なる洪水に悩まされていたため、河村瑞賢が治水のために開削したのが北を流れる安治川だ。これにより水路も整備され、南の木津川と並んで菱垣廻船など多くの船が行きかう水運の要所となった。その紀功碑が川沿いの小さな公園に建てられている。

安治川は河村瑞賢により整備された

住吉四柱が祀られた本殿（茨住吉神社）

由緒ある茨住吉神社

⑦ 茨住吉神社

●いばらすみよしじんじゃ

地下鉄九条駅前から延びるナインモールのすぐそばに位置し、住吉四柱を祭神とする神社。江戸時代、九条島と呼ばれたこの辺りの新田開発が始まったのが寛永年間(1624～1645)で、その際に九条新田の産土神として、また周囲の河川守護の神として祀ったのがはじまり。社名に茨とあるのは、当時この地域に群生していた茨を刈り取って境内にしたからとも、摂津国菟原郡（神戸）から勧請したため、それが訛って茨となったのだろうともいわれている。社殿は大阪大空襲で焼失したが、昭和 40（1965）年に再建された。

大阪市西区九条 1-1-17 ／ TEL 06-6582-2211
6:00 ～ 19:00 ／参拝自由

② 大坂船手会所跡

●おおさかふなてかいしょあと

大坂船手会所は、大坂湾から木津川・淀川への船舶の出入りや大坂湾に停泊している船舶を管理・掌握する大坂船手の中心施設。船の管理を実際に行う船番所は、会所の北側と春日出、三軒家の 3 か所に置かれていた。18世紀代には船手頭が小豆島などの代官を兼ねることもあり、水都・大坂における幕府の重要な役職のひとつだった。

大阪市西区川口 2
見学自由

① 雑喉場魚市場跡

●ざこばうおいちばあと

堂島米市場・天満青物市場と並ぶ大坂三大市場のひとつ。もともと上魚屋町(中央区安土町)にあった魚問屋が徐々に集まり魚市場を形成、雑喉場の名前で呼ばれるようになった。規模を広げ、西日本最大の生魚市場に発展。大阪中央卸売市場が開場する昭和6(1931)年までその歴史は続いた。

大阪市西区江之子島 1-8
見学自由

⑤河村瑞賢紀功碑《かわむらずいけんきこうひ》

河村瑞賢は江戸時代の豪商で、海運・治水の功労者。貞享元(1684)年、たび重なる氾濫を繰り返していた淀川の治水を命じられ安治川を開削。安治川は最初、新川と呼ばれたが、この地が安らかに治まるようにとの願いをこめて、安治川と改名された。他にも大和川の治水、堀江川開削なども手掛けている。

大阪市西区安治川 1-1
見学自由

④川口居留地跡《かわぐちきょりゅうちあと》

慶応4(1868)年の大阪開港と同時に、この付近に設けられた外国人居留地。街路樹が植えられ、ガス灯、舗装道路に沿ってバンガロー風の洋館が並ぶなど、大阪の文明開化・近代化を象徴する場所だった。

大阪市西区川口 1-5
見学自由

ひとやすみ

いずみカリー 九条本店《いずみカリー くじょうほんてん》

人気の「メガバーグカリー」1000円

フルーティーでコクのあるルーが自慢のカレー専門店。トッピングが多彩なので、メニューを選ぶのが大変。

大阪市西区千代崎 2-8-9 ／ TEL 070-6681-0688 ／11:30 ~ 16:00、18:00 ~ 23:00(土・日曜、祝日は~ 22:00) ／不定休

③川口基督教会《かわぐちきりすときょうかい》

長崎から川口に移住してきた米国聖公会宣教師C.M. ウィリアムス主教が、明治3(1870)年に英学講義所を開校するとともに、英語による礼拝を行なったのが始まり。その後、同14(1881)年に教会が設立され、大正9(1920) 年に現在の礼拝堂が建設された。阪神・淡路大震災では塔が倒れるなど被害を受けたが、現在は修復されている。

大阪市西区川口 1-3-8 ／ TEL 06-6581-5061
9:00 ~ 17:00 ／見学自由

⑥九島院《きゅうとういん》

大宗正統禅師の禅師号を賜った江戸時代初期の高僧である龍渓禅師ゆかりの黄檗宗の寺院。大坂で最古の名所記『蘆分船』に「龍渓禅師庵」とあるのが草創とされる。龍渓禅師は入佛開堂の法要の執行中に大津波に見まわれ、坐禅不動のまま海中に入寂した。死後も『九条の人柱』と称され、尊崇を集めた。

大阪市西区本田 3-4-18
TEL 06-6583-2725
9:00 ~ 18:00 ／参拝自由

コース⑲

大正《たいしょう》

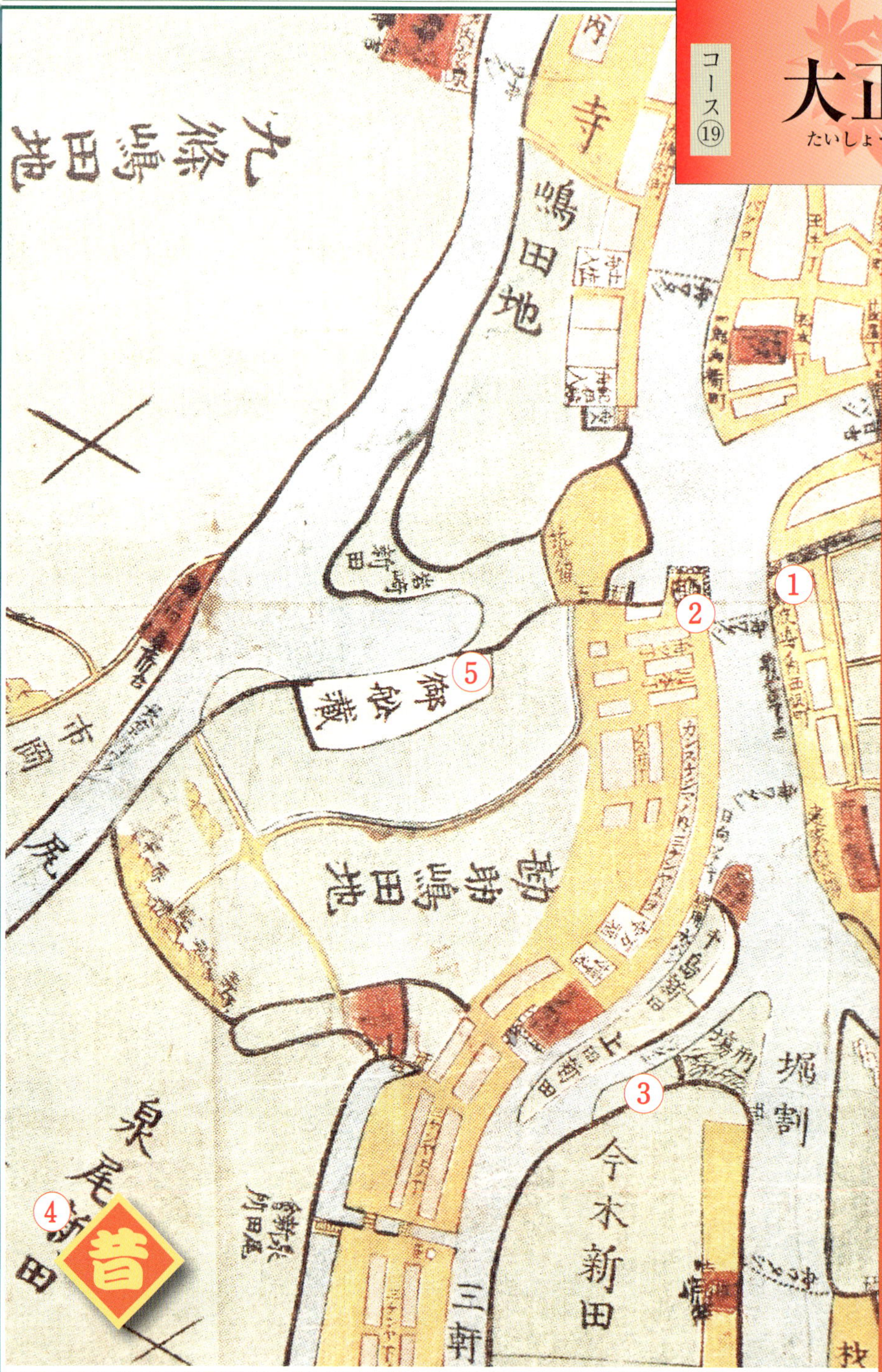

文久三年（一八六三）『改正増補国宝大阪全図』

大阪都市協会『大阪古地図集成』（大阪市立図書館所蔵）

阪神なんば線
地下鉄
長堀鶴見緑地線
ドーム前
千代崎駅
ドーム前駅
大阪府立
港高等学校
172
京セラドーム
大地震両川口津浪記碑
木津川口
遠見番所跡
1
大阪府立
市岡高等学校
大阪環状線
2
御船蔵跡
5
大正駅
大正三軒
家郵便局
大阪市立
三軒家西小学校
大阪市立
南市岡小学校
みーとdeミート
大阪市立
大正東中学校
難波島
3
大阪市立
三軒家東小学校
大阪市立
泉尾北小学校
大阪市立
中泉尾小学校
大正病院
泉尾神社
173
大阪府立
泉尾高等学校
大阪府立
大正高等学校
4
泉尾公園
（泉尾新田）
阪神高速
木津川
大阪市立
泉尾東小学校
N

大正《たいしょう》

大正橋から泉尾へ

盛んに新田が開発された江戸時代のベイエリア

江戸時代に入って開発された大正。沖縄文化に触れられる庶民の町として知られる

下町の住宅地が広がるかつての農村地帯

大正の土地は、淀川水系と大和川水系により運ばれた土砂が堆積して出来た砂州の1つ。江戸時代には泉尾新田、恩加島新田など次々と新田が開発され、大部分は農村地帯として発展していった。一方、道頓堀川、木津川、尻無川が流れる最北端は大阪で重要な港のひとつだったという。

現在、そうした面影を見つけるのは難しく、JR大正駅周辺に木津川口遠見番所跡や御船蔵跡について書かれたパネルが設置されているだけ。また、農地が広がっていた泉尾地区も今では住宅地に変わってしまっている。

モデルコース（所要時間）約2時間30分

スタート
地下鉄長堀鶴見緑地線 JR大阪環状線「大正」駅
← 徒歩5分
1 大地震両川口津浪記碑
← 徒歩3分
2 木津川口遠見番所跡
← 徒歩10分
3 難波島
← 徒歩25分
4 泉尾公園（泉尾新田）
← 徒歩25分
5 御船蔵跡
← 徒歩3分
ゴール
地下鉄長堀鶴見緑地線 JR大阪環状線「大正」駅

④泉尾公園(泉尾新田)

●いずおこうえん(いずおしんでん)

泉尾公園のある泉尾地区は江戸時代、元禄年間に開発が始まった泉尾新田と呼ばれた農地。沖堤と中堤の二重の堤をめぐらしていて、宅地は尻無川沿いと三軒家村西側の２か所45戸だけだった。その後も開発が続き、明治初期には125町の大新田に発展していった。

大阪市大正区泉尾 4-21
入園自由

③難波島

●なんばじま

木津川と三軒家川に挟まれた島で木津川交通の要衝として発展。『摂津名所図会大成』には「此地船大工職多く常に海舶を作事す」とあり、大正時代、造船所15社が集中していた。現在、三軒家川は一部が埋め立てられている。

大阪市大正区三軒家東 2-11
見学自由

ひとやすみ

みーと de ミート

●みーとデミート

ミートパスタ 730円

９種類の生パスタに３種類のソースが選べるミートパスタが自慢のアットホームなイタリアンレストラン。

大阪市大正区三軒家東 1-18-9 ／ TEL 06-6555-9080 ／ 11:30 ～ 15:00 (LO14:30)、17:30 ～ 23:00 (LO22:00)／月曜休

①大地震両川口津浪記碑

●だいじしんりょうかわぐちつなみきひ

安政元(1854)年11月に発生した地震と津波によって犠牲となった人々の慰霊と、後世への戒めを語り継ぐことを目的として建てられた。宝永地震の教訓を生かすことができず、大きな被害を受けたことなどが書かれている。年に一度碑文に墨を入れるなど150年間、地域の人たちの手で受け継がれている。

大阪市浪速区幸町 3-9
見学自由

②木津川口遠見番所跡

●きづがわぐちとおみばんしょあと

遠見番所とは、通行人や船舶の不法行為を見張る施設で、関所や番所、港湾などの付属機関。幕府は宝永5(1708)年に木津川と尻無川が合流するこの場所に「木津川口遠見番所」を設けて、船の運航を監視していた。

大阪市大正区三軒家東 1-1 大正橋公園内
見学自由

⑤御船蔵跡

●おふなぐらあと

御船蔵は幕府の官船などを納める施設で、文書や地図にも記録されている。ここに係留されていたのは川御座船と呼ばれる大きくて豪華な屋形を設けた船で、朝鮮通信使や琉球使節の送り迎えにも使われていた。

大阪市大正区三軒家西 1-7 岩崎橋公園内
見学自由

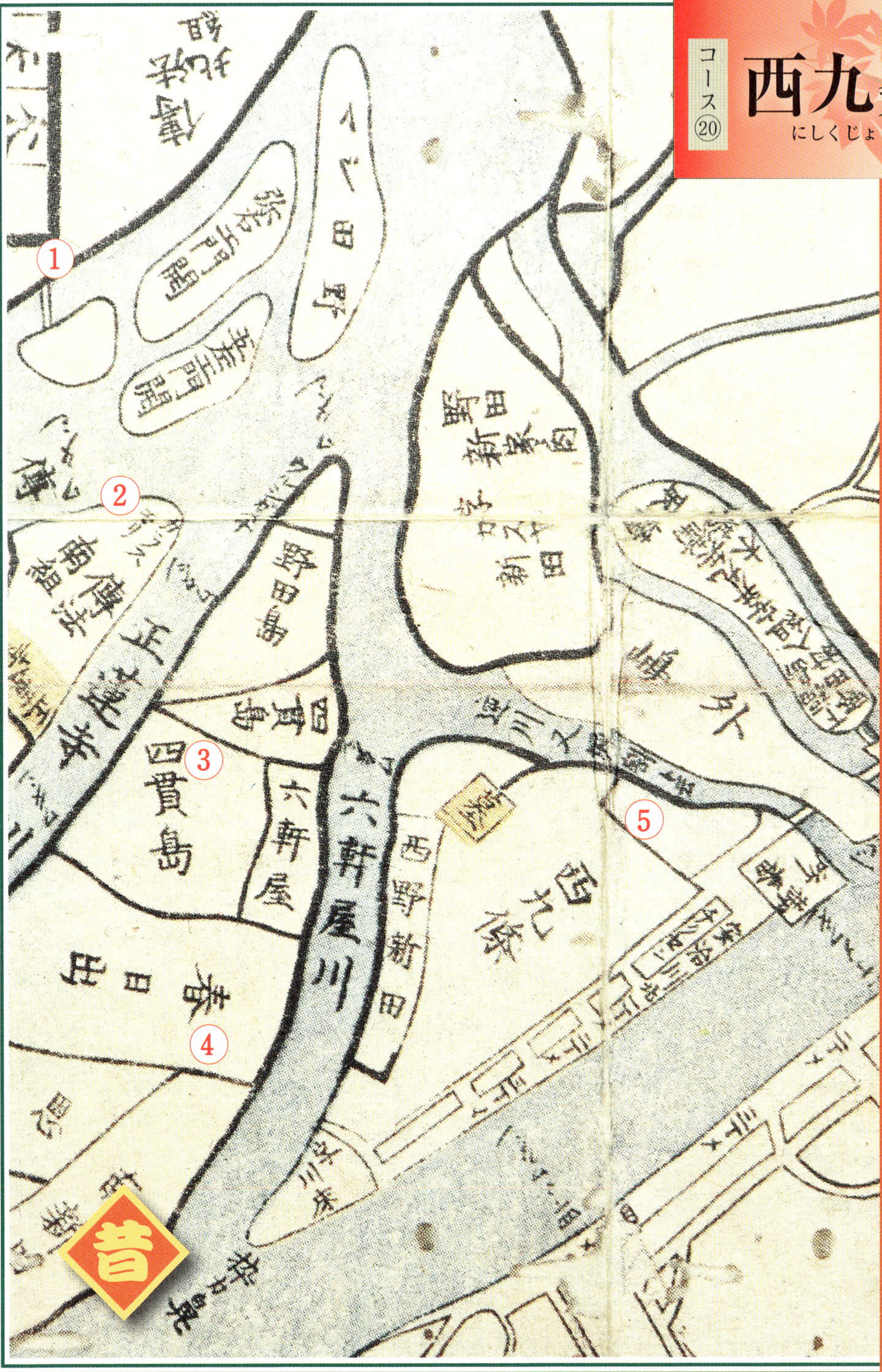

弘化二年（一八四五）『弘化改正大坂細見図』

大阪都市協会『大阪古地図集成』（大阪市立図書館所蔵）

N
新淀川
2
大阪市立
海老江西小学校
淀川駅
阪神電鉄本線
大阪府立
西野田工科高等学校
大阪市立
此花中学校
大阪市立
伝法小学校
伝法駅
① 澪標住吉神社
旧鴻池家本宅
② 本宮 鴉宮
大阪福島
新家郵便局
大仙寺
大阪市立
野田中学校
大阪市立
四貫島小学校
千鳥橋駅
昇陽高等学校
此花梅香
郵便局
Rest cafe
Lue
③ 住吉神社
六軒家川
西九条神社
⑤
西九条駅
大阪暁明
館病院
大阪市立
梅香小学校
大阪市立
咲くやこの花中学校
④ 八州軒跡の碑
大阪市立
春日出中学校
JRゆめ咲線
43
安治川
最乗寺
大阪市立
九条北小学校
阪神なんば線
大阪環状線
地下鉄中央線

西九条《にしくじょう》

伝法から西九条へ

難波八十島と呼ばれる多くの小島があった町

買い物客で賑わう商店街入口に建つ住吉神社は地元の人たちに親しまれている

かつての面影を探して古い社を訪ね歩く

西九条周辺は明治に入って淀川の付け替え工事などにより、江戸時代に比べ地形がすっかり変わっている。古地図からも分かるように、昔は「難波八十島」と呼ばれるほどいくつもの島に分かれていた。

阪神・伝法駅から西九条へと続く辺りは、水運で隆盛していたという昔の面影こそ見られないが、商店街が多く今でも活気にあふれている。また、澪標住吉神社や鴉宮などの古い社が残っていたり、古地図にもある六軒屋川と暗渠化された正連寺川が流れていて、わずかに当時の様子を今に伝えている。

モデルコース〈所要時間〉約2時間30分

スタート 阪神なんば線「伝法」駅

← 徒歩3分

1 澪標住吉神社

← 徒歩4分

2 本宮鴉宮

← 徒歩10分

3 住吉神社

← 徒歩7分

4 八州軒跡の碑

← 徒歩25分

5 西九条神社

← 徒歩5分

ゴール 阪神なんば線「西九条」駅

①澪標住吉神社《みおつくしすみよしじんじゃ》

社名の澪標は船が安全に航行できる水路を示す標識で、大阪市の市章にもなっている。創建は平安初期と古く、遣唐使が航海の安全を祈って祠を祀り、一行の帰りを迎えるために澪標を建てたのが始まりとされる。その後、鎌倉後期から室町時代にかけ社殿が整えられた。時代が下り豊臣秀吉の大坂築城以降は湾内の要所となり、航海の守護神として崇敬を集めた。

大阪市此花区伝法 3-1-6
TEL 06-6461-0775 ／参拝自由

②本宮鴉宮《ほんぐうからすのみや》

順徳天皇御代、鎌倉時代初期、建保3(1215)年に旧社名傳母頭（もりす）神社を創建。文禄元(1592)年、太閤秀吉が航海の際に航路・陸路の安全祈願をし神主を水先奉行にしたところ、八咫烏（やたがらす）が出現し安全に導いた。翌年正月に無事安全に帰還したことに秀吉が感激し、以後「鴉宮」と改称。明治時代に勅令にて秀野神社と西島神社を合祀した。社殿は国の登録有形文化財に指定されている。

大阪市此花区伝法 2-10-18
TEL 06-6461-3592 ／参拝自由

③住吉神社《すみよしじんじゃ》

漁師や船夫を生業としている住民が多かったことから、元和年間(1615～1624)に航海安全の守護神として住吉大社のご分霊をお祀りしたのが始まり。大正10(1921)年、現在の場所に移転奉斎された。

大阪市此花区梅香 3-14-16
TEL 06-6461-2572
参拝自由

④八州軒跡の碑《はっしゅうけんあとのひ》

春日出新田の会所があった場所。会所の屋敷の2階からは摂津・河内・和泉・紀伊・淡路・播磨・山城・大和の八州を一望できたところから八州軒と名付けられた。建物の一部は横浜市の三溪園に移築されている。

大阪市此花区春日出南 1 春日出公園内
見学自由

⑤西九条神社《にしくじょうじんじゃ》

貞享年間(1684～1688)に開発された西野新田の入植者が、五穀豊作を祈り稲荷大社と海上安全の守護神として住吉大神を祀ったのが始まりとされる。明治に茨住吉神社の境外末社となり、戦後、西九条神社と社名を改めた。

大阪市此花区西九条 1-4
参拝自由

ひとやすみ

Rest cafe Lue《レストカフェ ルー》

和風醤油ハンバーグランチ 650円

三人姉妹が切り盛りするアットホームなカフェ。店自慢のハンバーグやサンドウィッチなどフードメニューが充実。

大阪市此花区梅香 3-25-12／TEL 06-6468-4009
7:00 ～ 17:00（日曜・祝日は～ 15:00）／土曜休

平野1 (杭全神社周辺)

ひらの1(くまたじんじゃしゅうへん)

宝暦十三年(一七六三)『摂州平野大絵図 全』

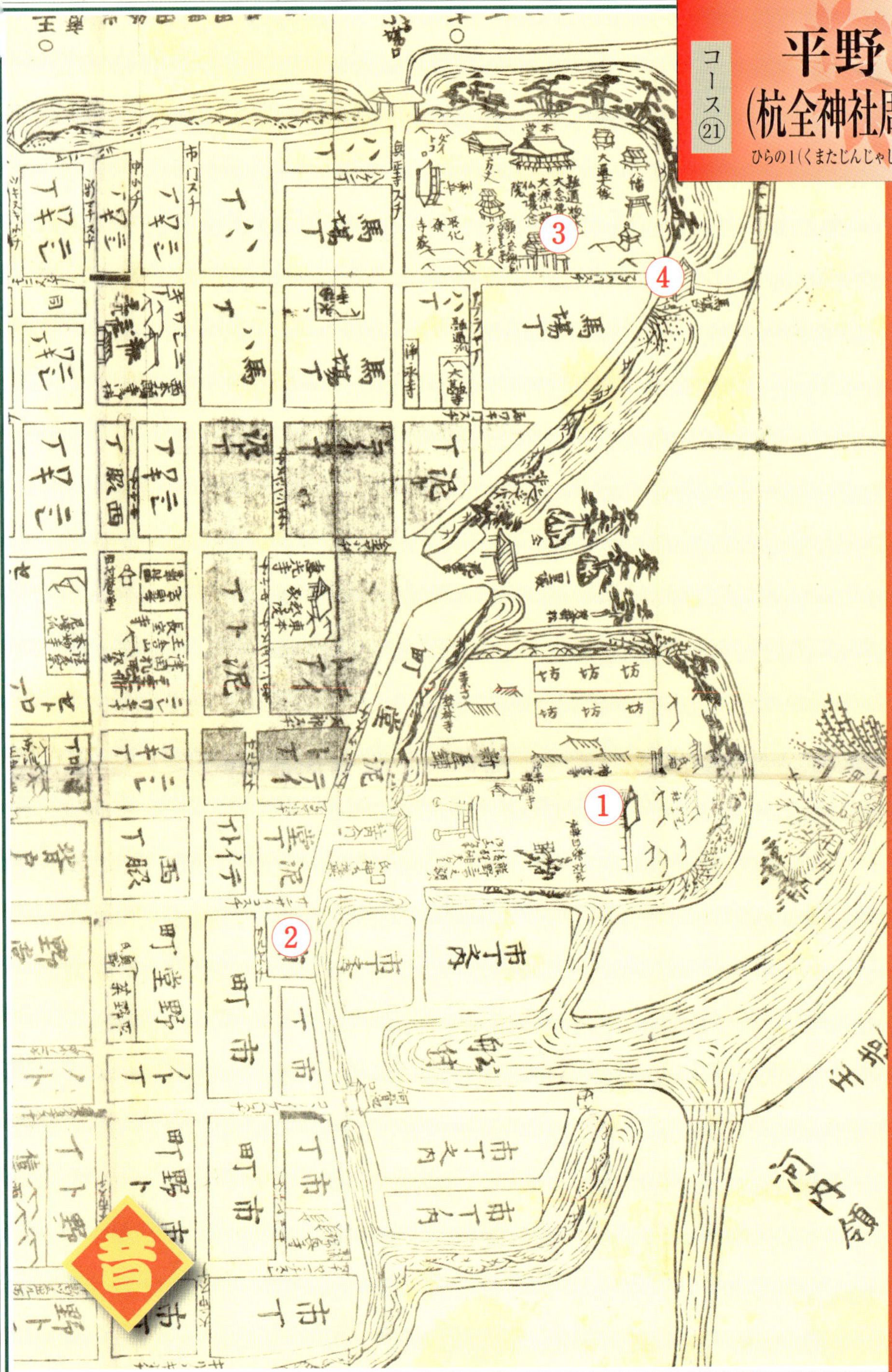

(国際日本文化研究センター所蔵)

479
N
大念佛寺
社会事業団
平野警察署
3
大念佛寺
平野大念仏寺前郵便局
4
馬場口地蔵
159
平野駅
25
Café Jigsaw
イズミヤ
長寶寺
慧光寺
大阪市立
平野北中学校
大阪市立
平野小学校
1
杭全神社
関西本線
杭全公園
平野川
2
含翠堂跡
大阪市立平野
青少年会館
大阪市立平野
東保育所

平野1(杭全神社周辺)

ひらの1(くまたじんじゃしゅうへん)

杭全神社から大念佛寺へ

周囲を環濠で守られていた大阪でもっとも古い町

樹齢800年以上といわれる杭全神社の楠は、平野の盛衰の歴史をじっと見守ってきた

平野を見守り続けた杭全神社の鎮守の森

大阪の東南に位置する平野は、戦国時代には外敵から守るために町の周囲に環濠と土居を巡らせた自治都市として栄え、江戸時代には河内から大阪へと木綿を運ぶ水運の中継地として発展した。

ＪＲ平野駅から東へ歩くと前方に杭全神社の鎮守の森が見えてくる。鎮座１１００年を越える古社で、境内には樹齢８００年以上になるご神木の楠や公孫樹が立っている。江戸時代の地図を見ると、北に突き出たように建つ神社の四方は堀で囲まれていて、神社は平野の町にとって特別な場所だったことがうかがえる。

モデルコース〈所要時間〉約2時間

スタート　JR大和路線「平野」駅

← 徒歩8分

① 杭全神社

← 徒歩6分

② 含翠堂跡

← 徒歩10分

③ 大念佛寺

← 徒歩すぐ

④ 馬場口地蔵

← 徒歩6分

ゴール　JR大和路線「平野」駅

③ 大念佛寺《だいねんぶつじ》

大治2(1127)年、良忍上人が鳥羽上皇の勅願により根本道場として創建したのが始まり。平安末期以降に広まった念仏信仰の先駆けで、日本最初の念仏道場といわれる。たび重なる火災などで荒廃していたが、元禄年間(1688～1703)に第46世･大通が諸堂を修復、新築し、融通念佛宗の本山として現在に至る。

大阪市平野区平野上町 1-7-26 ／ TEL 06-6791-0026
9:30 ～ 17:00(拝観は～16:30)／参拝自由

② 含翠堂跡《がんすいどうあと》

大阪市平野区平野宮町 2-9-22
見学自由

享保2(1717)年に土橋友直ら平野郷民有志が設立した私塾。庶民が作ったものとしては日本で最初の学問所になる。教育の振興に寄与したほか、飢餓救済資金を積み立て窮民を救済するなどの奉仕活動も行なっていた。

ひとやすみ

Café Jigsaw《カフェジグソー》

手作りキッシュセット（コーヒー付）500円

手作りにこだわった料理とケーキが人気のカフェ。ランチは雑穀ごはんなどを使った体にやさしいメニューが中心。

大阪市平野区平野宮町1-5-5-172 ／TEL06-6793-0043／9:00~18:00(LO17:30)／日曜、祝日休

① 杭全神社《くまたじんじゃ》

平野郷の氏神。坂上田村麻呂の孫、当道が貞観４(862)年に素盞嗚尊を勧請し祇園社を創建したのが始まり。その後、御祭神に熊野證誠権現、熊野三所権現が加わり、熊野権現社の総社となり、明治になって社号を杭全神社と改めた。日本で唯一連歌所が残っていて、平野法楽連歌会が毎月催されている。

大阪市平野区平野宮町 2-1-67
TEL 06-6791-0208 ／参拝自由

④ 馬場口地蔵《ばばぐちじぞう》

江戸時代、環濠で囲まれていた平野には平野郷十三口といって 13 の出入り口があり、その傍らには地蔵が祀られていた。この馬場口地蔵もそうした地蔵のひとつ。奈良街道の大阪、天王寺方面に接続していて、大阪方面から大念佛寺への参詣口でもあった馬場口門がここにあったことを示している。

大阪市平野区平野上町 1-5
参拝自由

平野2（全興寺周辺）

ひらの2（せんこうじしゅうへん）

宝暦十三年（一七六三）『摂州平野大絵図 全』

（国際日本文化研究センター所蔵）

地下鉄谷町線
平野駅
阪神高速
479
N
大阪平野本町
二郵便局
文
大阪教育大附
平野小学校
珈琲苑 茶坊主
1
西脇口地蔵
平野本町通
商店街
2 長寳寺
大阪平野
本町郵便局
光源寺
全興寺
3
25
信行寺
願正寺
186
大阪市立平野
東保育所
大阪市立
平野図書館
4
平野公園

平野2（全興寺周辺）

ひらの2（せんこうじしゅうへん）

全興寺から平野公園へ

自治都市として栄えた平野郷を訪ね歩こう

商店街に建つレトロな新聞店。長い歴史を持つ平野には古い建物が多く残る

古い寺院を訪ねて平野の歴史を感じる

平野は大阪市内でもっとも古い歴史を持つ町で、その成り立ちは平安時代初期に始まる。この地を開発したのは蝦夷征伐で有名な坂上田村麻呂の次男、広野で、平野の地名は広野がなまったものとされる。

その坂上家ゆかりの寺、長寳寺周辺には江戸時代の地図にも記載されている古刹が残っていて、当時の様子をわずかに伝えている。長寳寺から少し南東にある全興寺は、平野でもっとも古い寺。この寺のお堂を中心に町が形成されたため、平野発祥の地ともいわれ、今でも多くの参拝客で賑わう。

モデルコース〈所要時間〉約2時間

スタート
地下鉄谷町線「平野」駅
← 徒歩6分
① 西脇口地蔵
← 徒歩3分
② 長寳寺
← 徒歩4分
③ 全興寺
← 徒歩5分
④ 平野公園
← 徒歩15分
ゴール
地下鉄谷町線「平野」駅

③ 全興寺

●せんこうじ

聖徳太子が、平野に薬師如来の像を安置したのが起源とされる古寺。この薬師堂を中心に町が形成されたので、平野発祥の地ともいわれる。境内には閻魔大王や鬼の像が恐ろしい「地獄堂」、ステンドグラスの曼荼羅に座って瞑想できる「ほとけのくに」があり、生きていながら地獄と天国を体験できる。

大阪市平野区平野本町 4-12-21 ／ TEL 06-6791-2680
9:00 ～ 17:00 ／参拝自由

① 西脇口地蔵

●にしわきぐちじぞう

平野郷十三口のひとつ西脇口門の傍らにあった地蔵尊で、南口地蔵とも呼ばれる。地蔵堂前を通る東西の道はかつて環濠だった。ここから南へ下ると堺口から延びる堺、住吉へと続く街道に繋がっていた。

大阪市平野区平野本町 4-2
参拝自由

ひとやすみ

珈琲苑 茶坊主

●こーひーえん ちゃぼうず

レトロな雰囲気の外観

珈琲屋さん博物館を兼ねた喫茶店。店内には店主の集めた道具やコーヒーカップなどが展示されている。

大阪市平野本町 5-5-17 ／ TEL なし
8:00 ～ 20:00 ／木曜休

② 長寶寺

●ちょうほうじ

「えんまさんのお寺」として知られる高野山真言宗の寺院。坂上田村麻呂の娘で、平野庄領主の坂上広野の妹、坂上春子により開山。寺内には、重要文化財の梵鐘のほか、坂上利増が寄進した重要文化財の佛涅槃図や閻魔大王御判、御本尊十一面観音菩薩坂上田村麻呂公の守護仏が伝わっている。

大阪市平野区平野本町 3-4-23
TEL 06-6791-4416
6:00 ～ 18:00 ／参拝自由

④ 平野公園

●ひらのこうえん

平野公園のある辺りは江戸時代の平野郷の西端にあたり、十三口のひとつ樋尻口門跡が残っている。公園に隣接している赤留比売命神社の社殿裏に残る土塁や松山池はかつての環濠の名残りだとされる。公園内には他に平野で唯一良質の水が湧出し「平野の黄金水」と呼ばれた井戸の跡もある。

大阪市平野区平野東 2-11
TEL 06-6691-7200（南部方面公園事務所）／入園自由

コース㉓

堺1
（高須神社～大小路）

さかい1（たかすじんじゃ～おおしょうじ）

嘉永四年（一八五一）『嘉永改正堺大絵図 全』

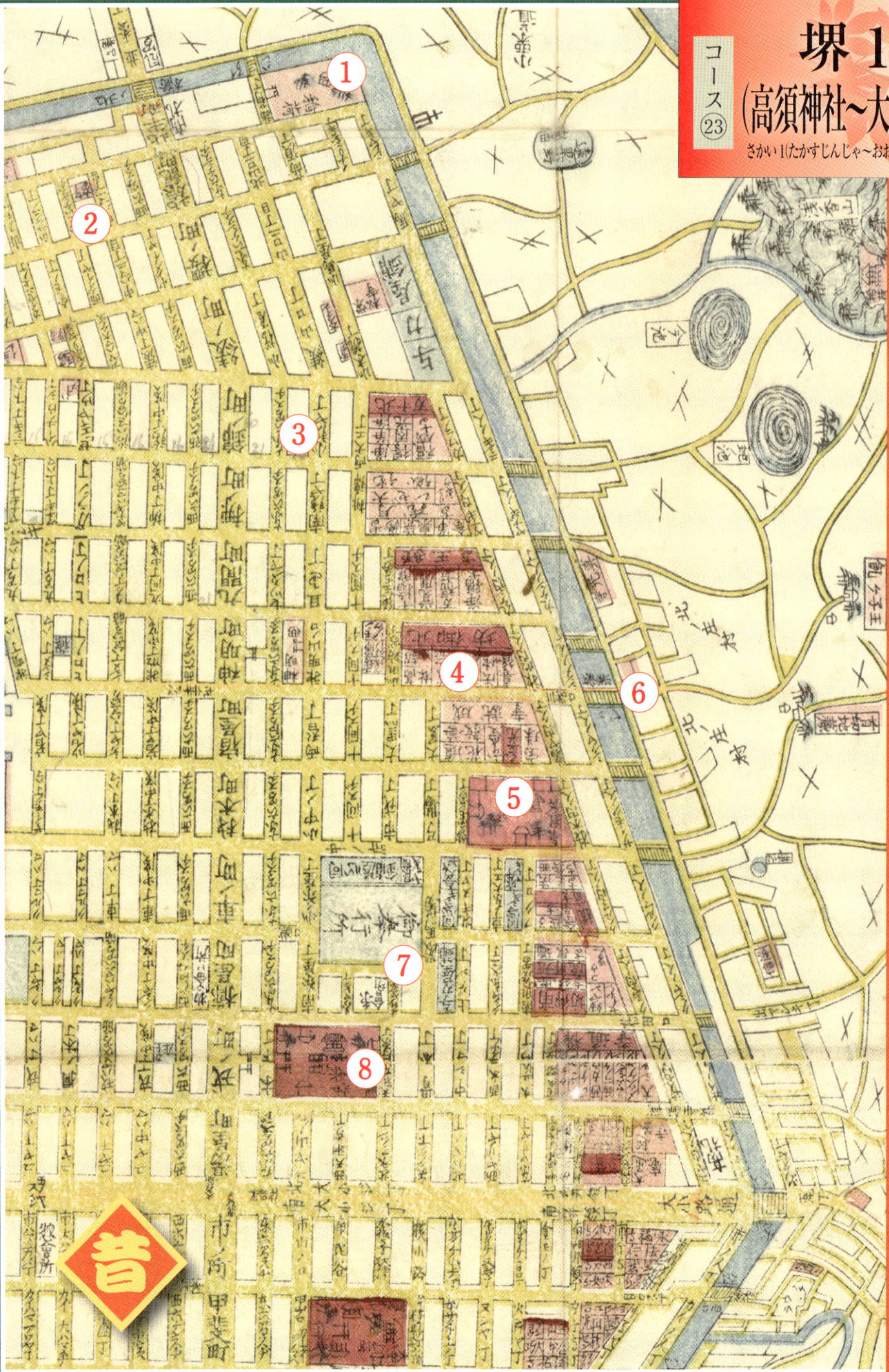

（国際日本文化研究センター所蔵）

1 高須神社
2 鉄砲鍛冶屋敷
高須神社駅
阪神高速
堺市立
錦綾小学校
167
綾ノ町駅
3 山口家住宅
堺市立 錦小学校
本願寺堺別院 4
神明町駅
堺市立
錦西小学校
30
6 極楽橋
妙國寺 5
大阪府立
泉陽高等学校
妙国寺前駅
堺市立
月州中学校
cafe & bakery プランタン
12
堺奉行所跡
7
花田口駅
堺市立 殿馬場中学校
8 菅原神社
大小路駅
堺市立
熊野小学校
堺市立
市小学校
阪堺電気軌道阪堺線
宿院駅
26
310
中央環状線
N
堺市立
浅香山中学校
浅香山病院
大阪少年
鑑別所
南海高野線
堺東駅
堺市役所

堺 1
(高須神社～大小路)
さかい1(たかすじんじゃ～おおしょうじ)

鉄砲鍛冶屋敷から菅原神社へ

古い町家が残る道をたどり 自治都市の歴史を感じる

鉄砲鍛冶屋敷(市指定有形文化財)は堺が日本一の鉄砲生産地だったことを今に伝える貴重な文化遺産

鉄砲鍛冶職人たちの息吹が聞こえる町並み

戦国時代、堺の町は南蛮貿易などで作り上げた巨万の富を背景に自治都市として発展。同時に堺は、種子島に伝来した鉄砲をいち早く製造することに成功し、日本一の鉄砲生産地としても名前をはせていた。大坂の陣後も毎年、幕府に一定数の鉄砲を納入するなど生産は続いたという。

古地図に稲荷と記されている高須神社は、鉄砲鍛冶によって創建された神社。江戸時代、この辺りは鉄砲職人も多く住んでいた地域で、高須神社から5分ほど西に行ったところには、当時のまま残さ

モデルコース
〈所要時間〉約3時間30分

スタート 阪堺電車阪堺線「高須神社」駅
← 徒歩すぐ
1. 高須神社
← 徒歩5分
2. 鉄砲鍛冶屋敷
← 徒歩8分
3. 山口家住宅
← 徒歩6分
4. 本願寺堺別院
← 徒歩5分
5. 妙國寺
← 徒歩2分
6. 極楽橋
← 徒歩10分
7. 堺奉行所跡
← 徒歩3分
8. 菅原神社
← 徒歩4分
ゴール 阪堺電車阪堺線「大小路」駅

れている鉄砲鍛冶屋敷がある。また、この辺りから本願寺堺別院にかけては、古い家々があちらこちらに残っていて、江戸時代の情緒を感じながら散策できるエリア。国内でも数少ない江戸時代初期に建てられた町家の山口家住宅（重要文化財）も保存・公開されている。

山口家住宅の周辺では古い家がいくつか残っている

山口家住宅では伝統的な町家暮らしを感じることができる

環濠跡の公園をゆったりと散歩する

戦国時代の自治都市を守っていたのが町の周囲に巡らせた環濠。堺の環濠は豊臣秀吉により一時、埋め戻されたことがあったが、大坂夏の陣後に江戸幕府により新たに作られた。残念ながら、現在、東と北にあった環濠は埋められていて見ることはできない。しかし、東側を流れていた環濠に隣接する土居川公園には、当時架けられていた橋のひとつ極楽橋が復元されている。

土居川公園にある極楽橋は石橋としては堺最古のもの

⑤ 妙國寺

●みょうこくじ

樹齢1100年の大蘇鉄と堺事件の土佐藩士切腹の地として知られる寺。大蘇鉄は織田信長の命令で安土城に移植されたが、毎夜「堺に帰りたい」と泣くため、再び妙國寺に返したという伝説の樹で国指定の天然記念物でもある。日本で唯一という市名勝指定の「蘇鉄の枯山水」の庭園には、千利休の寄贈といわれる「六地蔵灯篭」や「瓢箪型手水鉢」が残っている。幕末、堺港に上陸してきたフランス兵士22名を、港の警固にあたっていた土佐藩士が殺傷した堺事件では、土佐藩士11名がこの寺で切腹。境内には土佐藩士割腹跡の碑が立っている。

堺市堺区材木町東4-1-4 ／ TEL 072-233-0369
10:00 ~ 16:30 ／参拝自由（庭園は400円）

⑧ 菅原神社

●すがわらじんじゃ

菅原道真公が大宰府の地で自ら作られた7体の木像（七天神）のひとつが流れ着いたのが始まりとされる神社。境内にある南大阪随一の「えべっさん」として親しまれる堺戎神社も有名。室町時代に建立された楼門は焼失したが、鉄砲鍛冶・榎並屋勘左衛門が再建し、現在は大阪府指定の有形文化財になっている。

堺市堺区戎之町東2-1-38 ／ TEL 072-232-2450
参拝自由（社殿開扉は6:30 ~ 17:00）

④ 本願寺堺別院

●ほんがんじさかいべついん

堺市内最大の木造建築で「北の御坊」とも呼ばれる寺院。現在の本堂は文政8（1825）年に再建されたもので、明治4（1871）年の廃藩置県後から10年間堺県庁として使用されていた。梵鐘（市の有形文化財）は、もとは念仏寺（開口神社の神宮寺）のものだったが、廃仏毀釈にともない堺別院に移された。

堺市堺区神明町東3-1-10 ／ TEL 072-232-4417
8:00 ~ 16:00 ／参拝自由

⑥極楽橋《ごくらくばし》

宿屋町と神明町の境界付近の土居川に架けられていた石橋。名前は墓地へと向う葬列が渡ったことから、極楽往生を願ってつけられたという。花崗岩の格狭間・欄干を備えた石橋は珍しく堺最古のもの。戦後、環濠が埋められた時に橋も撤去されたが、現在は元の場所に近い土居川公園に移築復元されている。

堺市堺区宿屋町東３ 土居川公園内
見学自由

①高須神社《たかすじんじゃ》

鍛冶職人の守り神として崇敬されていた。大坂の陣に際して、大筒、鉄砲を製造した鉄砲鍛冶の芝辻道逸が、元和元(1615)年に稲荷神社を勧請したのが始まり。祭神は、保食命、猿田彦命、大宮姫命、大物主命の四柱。

堺市堺区北半町東 3-5 ／ TEL 072-232-5164 ／参拝自由

ひとやすみ

cafe & bakery プランタン《カフェアンドベーカリー プランタン》

自慢のパンがずらり

堺で人気のパン屋さん直営の喫茶店。防腐剤・添加物を一切使用していないパンと自家焙煎のコーヒーが自慢。

堺市堺区車ノ町東 1-2-30 ／ TEL 072-229-1820 ／ 8:00 ～ 20:00（日曜・祝日は 9:00 ～ 18:00）／第２・第４火曜休

②鉄砲鍛冶屋敷《てっぽうかじやしき》

江戸時代の堺を代表する鉄砲鍛冶屋・井上関右衛門の屋敷兼店舗で、市の指定有形文化財にもなっている。戦国時代、日本一の鉄砲生産地だった堺にあって、鉄砲の生産現場など鉄砲鍛冶屋敷の面影を残す唯一の建物。内部は非公開だが、火縄銃や懐銃、大筒や大ふいご、御用札などが保存されている。

堺市堺区北旅籠町西 1-3-22
外観見学自由（内部は不可）

⑦堺奉行所跡《さかいぶぎょうしょあと》

江戸幕府が天領内の重要な場所に置いた遠国奉行の一つ。元禄 9(1696)年に一度廃止されたが、元禄15（1702）年大坂町奉行の指揮下として再興、慶応３（1867）年まで堺の支配を行っていた。

堺市堺区櫛屋町東３
見学自由

③山口家住宅《やまぐちけじゅうたく》

慶長20(1615)年、大坂夏の陣で堺の市街地が全焼した直後に建てられた、国内でも数少ない江戸初期の町家。国の重要文化財。家に贅を凝らした堺の町家の様子を今に伝えている。

堺市堺区錦之町東 1-2-31
TEL 072-224-1155
10:00 ～ 16:00（入館は～15:45）／火曜休／入館料200円

堺2 (大小路～御陵前)

コース24

さかい2(おおしょうじ～ごりょうまえ)

嘉永四年(一八五一)『嘉永改正堺大絵図 全』

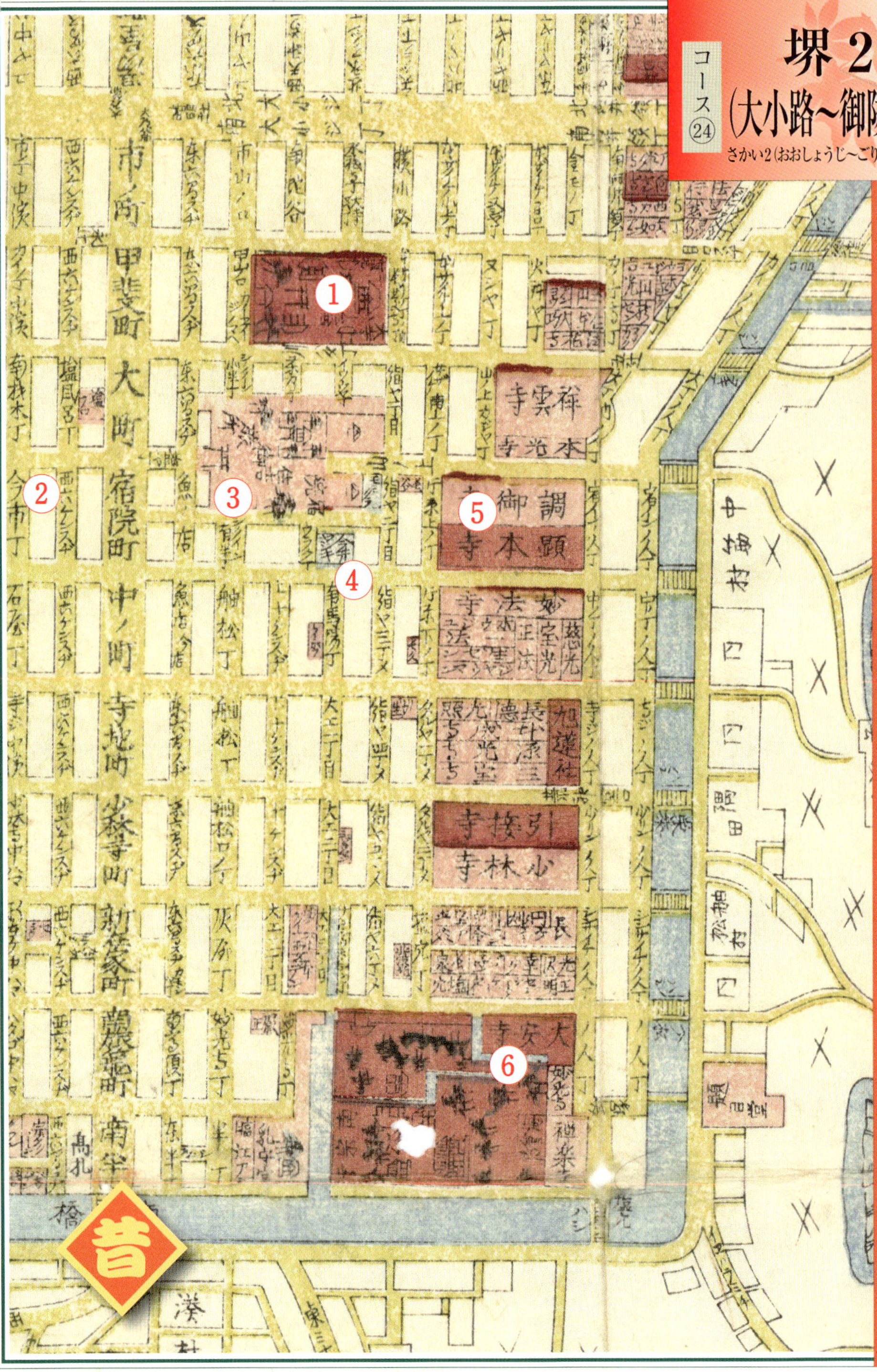

(国際日本文化研究センター所蔵)

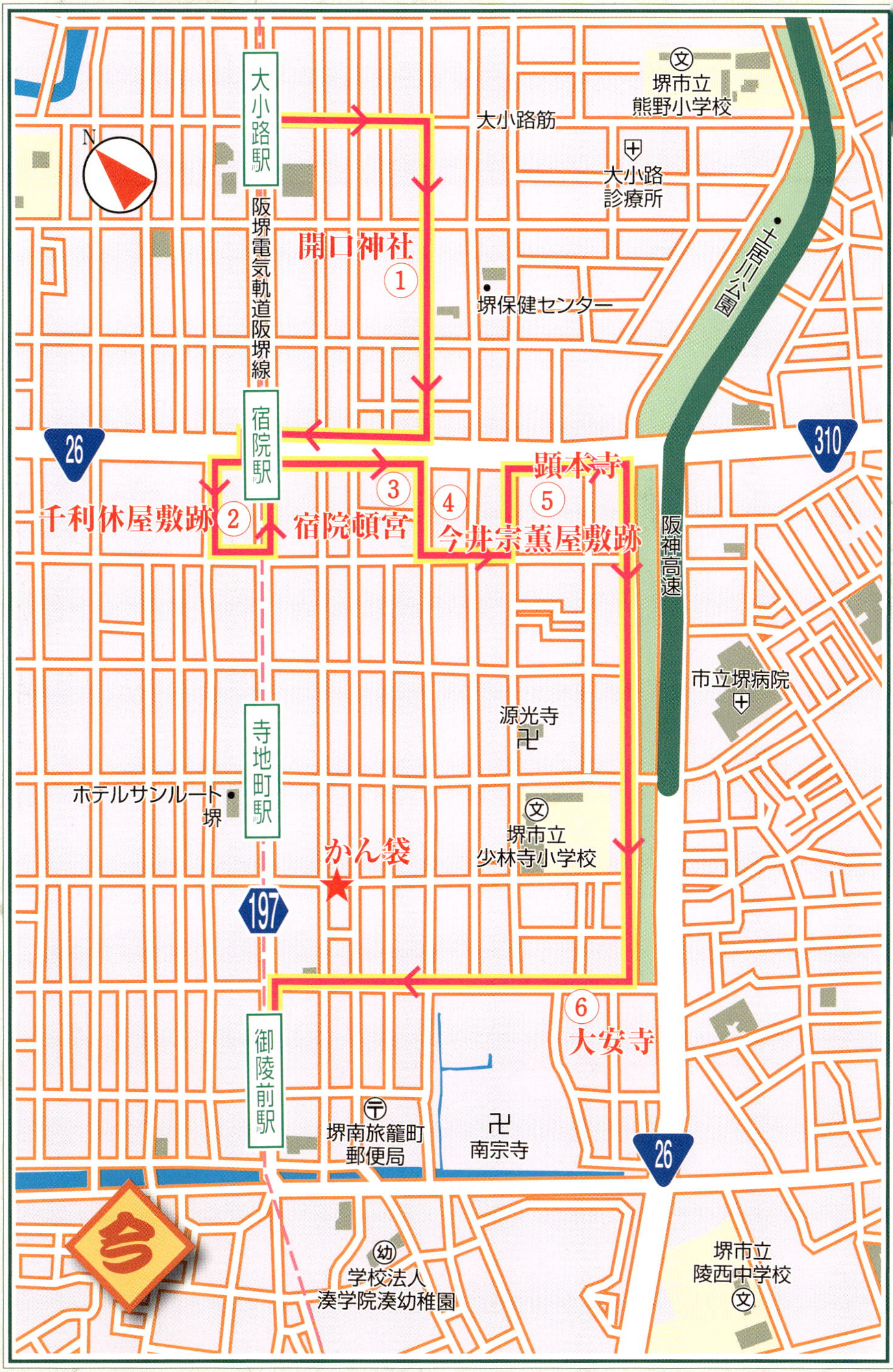

N
大小路駅
阪堺電気軌道阪堺線
宿院駅
寺地町駅
御陵前駅
大小路筋
堺市立
熊野小学校
大小路
診療所
土居川公園
開口神社
①
堺保健センター
26
310
千利休屋敷跡
②
③
宿院頓宮
④
今井宗薫屋敷跡
⑤
顕本寺
阪神高速
市立堺病院
源光寺
ホテルサンルート
堺
堺市立
少林寺小学校
かん袋
197
⑥
大安寺
堺南旅籠町
郵便局
南宗寺
26
学校法人
湊学院湊幼稚園
堺市立
陵西中学校

堺2(大小路～御陵前)

さかい2(おおしょうじ～ごりょうまえ)

開口神社から大安寺へ

千利休ら茶の湯ゆかりの史跡を訪ね歩く

わび茶を大成した千利休の屋敷跡には椿井といわれる井戸が残されている

多くの豪商が生まれた南蛮貿易の中心地

戦国時代から江戸時代初めにかけて堺は、南蛮貿易など海外との交流拠点として発展し、イエズス会の宣教師らに東洋のベニスとヨーロッパに紹介されるほどだった。巨万の富を得た多くの豪商が生まれ、また、千利休をはじめとして武野紹鷗(たけのじょうおう)、津田宗及ら多くの茶人を輩出したことでも有名。その千利休の屋敷跡が阪堺線宿院駅のすぐそばにある。建物はなく、井戸と石灯籠が置かれているだけの寂しい場所だが、ここで茶の湯を嗜んでいた利休の姿を想像するのもいい。

モデルコース〈所要時間〉約3時間

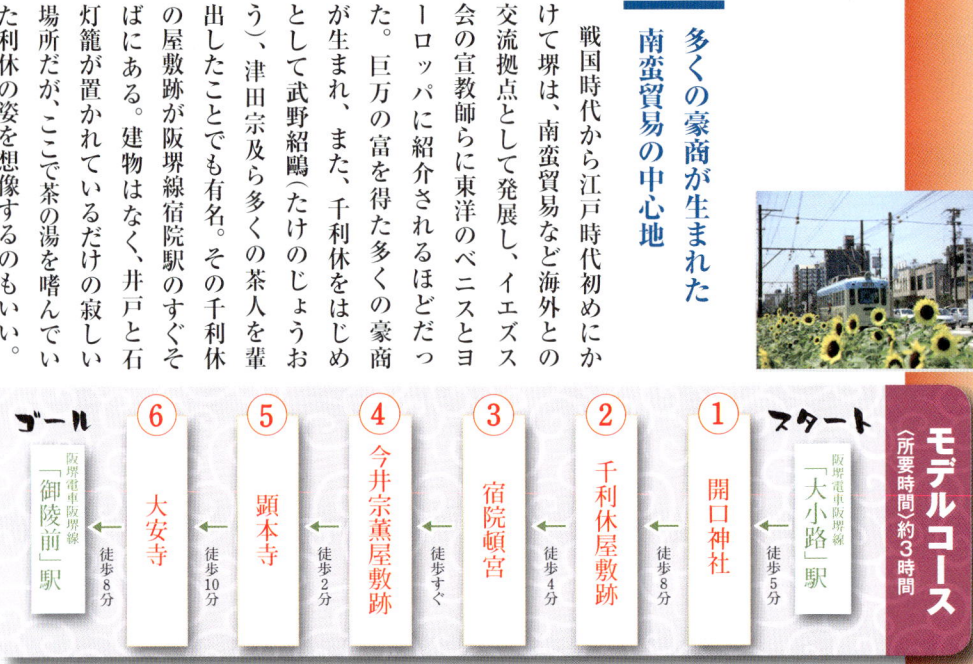

スタート 阪堺電車阪堺線「大小路」駅
← 徒歩5分
① 開口神社
← 徒歩8分
② 千利休屋敷跡
← 徒歩4分
③ 宿院頓宮
← 徒歩すぐ
④ 今井宗薫屋敷跡
← 徒歩2分
⑤ 顕本寺
← 徒歩10分
⑥ 大安寺
← 徒歩8分
ゴール 阪堺電車阪堺線「御陵前」駅

国境の町らしい神社を参拝する

「堺」という地名は摂津・河内・和泉の3国の境に位置していたことに由来する。江戸時代まで摂津と和泉の境界だった大小路は、自治都市堺のメインストリートだった。その大小路から少し南にあるフェニックス通り（中央環状線）沿いに宿院頓宮が建っている。この頓宮は摂津国一ノ宮である住吉大社と和泉国一ノ宮である大鳥大社の御旅所を兼ねていて、「さかい」の町らしい神社といえる。

また、頓宮の周辺には利休と並んで天下三宗匠のひとり今井宗久の息子、宗薫の屋敷跡や堺幕府終焉の地である顕本寺などの史跡も多い。

日本の道100選にも選ばれているフェニックス通り

宿院頓宮の境内の一部は公園になっている

顕本寺の門脇にはかつてこの寺に置かれた堺幕府についての案内板（右）が立つ

② 千利休屋敷跡

●せんのりきゅうやしきあと

堺の豪商の家に生まれ、わび茶を大成し、茶聖ともいわれた千利休の堺における屋敷跡。利休は織田信長、豊臣秀吉に茶頭として仕え、北野の大茶会を取り仕切るなど、天下一の茶匠として権勢を振るった。しかし、晩年、秀吉の不興を買い、切腹。屋敷跡には利休が茶の湯に常用していたといわれる「椿の井戸」と利休ゆかりの大徳寺山門の古い部材で建てられた井戸屋形がある。

堺市堺区宿院町西 1-17-1
見学自由

⑤ 顕本寺

●けんぽんじ

法華宗本門流の寺院。戦国時代初期、室町幕府第12代将軍足利義晴を擁する細川高国に対抗して、足利義維を戴いた細川晴元と三好元長とのゆかりが深いことで知られる。元長らは義晴らを追い落とし、政権を奪うことに成功した（堺幕府）。しかし、その後すぐに、政権内部での対立が激化。有力者の元長は政敵に差し向けられた一向宗門徒10万人の大軍に囲まれて、この寺で自害した。当時、寺は開口神社近くにあったが、大坂夏の陣で焼失し、その後、現在の場所に再建された。

堺市堺区宿院町東 4-1-30 ／ TEL 072-232-3964
9:00 ~ 17:00 ／参拝自由

⑥ 大安寺

●だいあんじ

室町初期に徳秀士蔭が開祖した臨済宗東福寺派の寺。創建時は堺の中心に位置し、広さ二町四方、6つの塔頭を備えた大寺院だった。総檜造りの本堂は安土桃山時代の豪商、納屋（呂宋）助左衛門の居宅だったとされる。本堂4室の襖に描かれた障壁画（重文）は17世紀前半の狩野派の作と伝えられている。

堺市堺区南旅籠町東 4-1-4 ／ TEL 072-238-1054
10:00 ～ 16:00（堺文化財特別公開時のみ拝観可、時期については要問い合わせ）／拝観料 400 円

堺市堺区宿院町東 3
見学自由

④ 今井宗薫屋敷跡

●いまいそうくんやしきあと

豪商で茶人だった今井宗久の子、宗薫の屋敷跡。織田有楽斎に譲り受けたもので、東西29間（約55m）、南北32間（約61m）の敷地があったとされる。宗薫は豊臣秀吉に御伽衆として仕え、秀吉没後は徳川家康の寵愛を受けた。

ひとやすみ

かん袋

●かんぶくろ

餅と飴が絶妙の「くるみ餅」

豊臣秀吉が屋号を命名した鎌倉時代創業の老舗和菓子屋。名物の「くるみ餅」350円は室町時代から続く味。

堺市堺区新在家町東 1-2-1 ／ TEL 072-233-1218 ／ 10:00 ～ 17:00 ／火・水曜休（祝日の場合は営業、振り替え休日あり）

③ 宿院頓宮

●しゅくいんとんぐう

住吉大社の御旅所として設置された頓宮（御旅所）。住吉の「宿居」が転じて「宿院」と呼ばれるようになったと言われる。明治以降は大鳥大社からも神輿の渡御が行われるようになり、摂津・和泉両国一ノ宮の頓宮となった。現在は、7月31日に大鳥大社から、8月1日に住吉大社から神輿の渡御が行われている。

堺市堺区宿院町東 2-1-6 ／ TEL 072-232-1029
参拝自由

① 開口神社

●あぐちじんじゃ

行基が建てた念仏寺が江戸時代まで境内にあったことから、地元の人たちからは「大寺さん」と呼ばれ、親しまれている神社。神功皇后の勅願によって建立されたといわれる。天永4（1113）年、開口・木戸・原村の神社が合祀したため、塩土老翁神（しおつちのおじのかみ）、素盞嗚神、生国魂神の三柱が祭神。

堺市堺区甲斐町東 2-1-29
TEL 072-221-0171 ／参拝自由

コース㉕

堺3（堺旧港）

さかい3（さかいきゅうこう）

文久三年（一八六三）『泉州堺絵図』

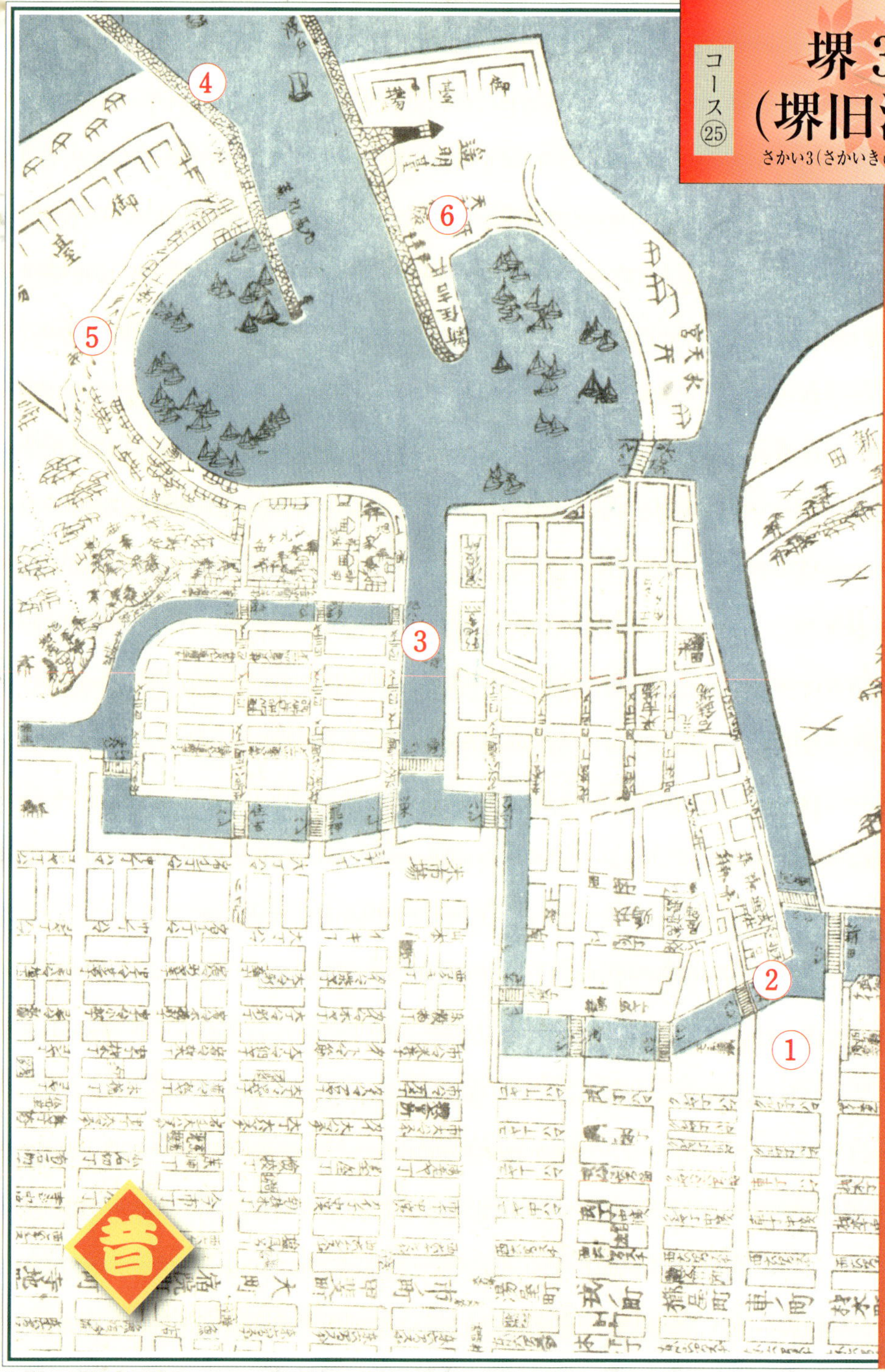

（国際日本文化研究センター所蔵）

N
4 旧堺燈台
阪神高速
吉川俵右衛門
顕彰碑
6
大浜公園
（台場跡）
5
29
堺自動車
教習所
195
34
日本料理なにわ
堺事件の碑 3
堺駅
南海本線
堺市立
英彰小学校
堺市立
市小学校
堺宿院
郵便局
12
内川
2
戎公園
（ザビエル公園）1
寺地町駅
宿院駅
大小路駅
花田口駅
阪堺電気軌道阪堺線
26
大阪府立
泉陽高等学校

堺3(堺旧港)

さかい3(さかいきゅうこう)

ザビエル公園から旧堺燈台へ

時代とともに姿を変えた堺の港を探訪する

明治10(1877)年に建造された旧堺燈台は役目を終えた今でも堺のシンボル的存在

内川沿いの遊歩道を歩いて旧港を目指す

堺の港は戦国時代から江戸時代初めにかけて、日本の南蛮貿易の中心として賑わいを見せていた。現在、堺旧港と呼ばれる港は、残念ながら南蛮船が行き来していた港ではなく、江戸時代に行われた大和川の付け替え工事により土砂が堆積した堺港を新たに整備したもの。それ以前の海岸線は現在の内川付近だったといわれている。

その内川のそばにある戎公園は、フランシスコ・ザビエルが畿内での布教を開始した日比屋了慶の屋敷があった場所。ここから旧港へと続く内川沿いは、遊歩道が

モデルコース
〈所要時間〉約3時間

スタート
阪堺電車阪堺線「花田口」駅
← 徒歩すぐ
① 戎公園(ザビエル公園)
← 徒歩すぐ
② 内川
← 徒歩12分
③ 堺事件の碑
← 徒歩15分
④ 旧堺燈台
← 徒歩5分
⑤ 大浜公園(台場跡)
← 徒歩18分
⑥ 吉川俵右衛門顕彰碑
← 徒歩13分
南海本線「堺」駅
ゴール

整備され、シーズンには桜やつつじなどの花が咲き誇る、散歩にはもってこいの道だ。

外国船から港を守る台場跡にできた公園

また、旧港には幕末、開国を求める諸外国の船から港を守るため、港の南北に大砲を設置

個人の屋敷跡だったとは思えない広さのザビエル公園

した台場が造られた。そのうちの南台場跡に整備されたのが大浜公園。園内を歩くと北東隅や南側には石垣や堀が見られ、かつて台場であったことがわかる。

旧港周辺には日本最古の木造洋式灯台の旧堺燈台、平成12年に復元設置された、かつて大浜水族館前

大浜公園にある池。のんびりと散策したい

に設置されていた龍女神像、旧港を整備した吉川俵右衛門の顕彰碑といった史跡もある。港の南北をつなぐ橋がないため、ぐるりと湾沿いの道を行くしかないが、ぶらり歩いて訪ねるのもいいだろう。

夕映えの大阪湾を背景にたたずむ旧堺燈台

①戎公園(ザビエル公園)

●えびすこうえん(ザビエルこうえん)

堺の豪商日比屋了慶の屋敷跡に造られた公園。天文19(1550)年にフランシスコ・ザビエルが堺を訪れた際、了慶がザビエルをもてなしたところから、ザビエル来日400年にあたる昭和24(1949)年にザビエル公園という名称が使われるようになった。毎年10月に行われる「堺まつり」のなんばん市会場にもなっている。了慶は洗礼名をディオゴといい、自邸内に教会を建てるほどの熱心なキリスト教徒で、禁教令で堺の教会が破壊された後は、信者のために自宅を開放するなどした。

堺市堺区櫛屋町西１
TEL 072-232-1489（大浜公園事務所）／入園自由

④旧堺燈台

●きゅうさかいとうだい

堺港の燈台は、元禄2(1689)年に市中の商人の寄金で初めて建築されて以降、位置を変えながら新設されてきた。現存する旧燈台は7代目にあたり、明治10(1877)年に堺の人々の寄付などによって建てられた。高さ11.3mの六角錘形の木造洋式灯台で、昭和43(1968)年までのおよそ1世紀にわたって堺港に出入りする船の航海の安全を守ってきた。燈台としての役目を終えた今でも堺のシンボルとして保存され、現地に現存する日本最古の木造洋式灯台の一つとして国の指定史跡になっている。

堺市堺区大浜北町５丁地先
見学自由（内部は不可）

③ 堺事件の碑《さかいじけんのひ》

慶応4(1868)年2月15日に、堺に上陸したフランス軍水兵11人を港の警固にあたっていた土佐藩士が殺傷した事件。フランスの要求により警備隊長箕浦猪之吉以下11名が妙国寺で切腹。当初、切腹する土佐藩士は20人の予定だったが、犠牲者と同じ11人となったところで、フランス軍艦長が中止を要請した。

堺市堺区栄橋町 2-5
見学自由

堺市堺区北波止町
見学自由

⑥ 吉川俵右衛門顕彰碑《よしかわひょうえもんけんしょうひ》

江戸、浅草の材木商。商用で堺を訪れた時、大和川の付替えで港に土砂がたまり、船の出入りに支障をきたしていた堺港に遭遇。寛政元(1790)年ころから約20年がかりで修築、現在の堺旧港の原型を造った。

ひとやすみ

日本料理なにわ《にほんりょうりなにわ》

なにわ季節御膳 2625円

ホテル・アゴーラ リージェンシー堺 25 階にある日本料理店。窓から堺旧港の景色を望みながら食事ができる。

堺市堺区戎島町 4-45-1 ホテル・アゴーラ リージェンシー堺 25F／TEL :072-224-1121／11:30～LO14:00、17:00～21:30(LO21:00)／無休

② 内川《うちかわ》

宝永元(1704)年の大和川付け替え以降、沿岸部に土砂が堆積しだした。このため東、北、南を流れていた環濠(土居川)が海へ流れなくなったため、以前の海岸線に沿う形で掘られた。一時は水質の悪化で魚はほとんど見られなかったが、今は多くの魚が生息するようになった。また、散策できるように河川敷が整備されている。

堺市堺区戎之町西 2 など／散策自由

⑤ 大浜公園(台場跡)《おおはまこうえん(だいばあと)》

幕末に造られた台場跡にできた公園。外国船に対する大阪湾防備として、安政2(1855)年頃から工事を開始。当初は一直線に大砲を設置したものだったが、慶応2(1866)年により広い範囲を防備可能な洋式の砲台場に改築された。南北295m、東西195mで、北、西、南側は石垣を積み一部に堀が設けられていた。

堺市堺区大浜北町 4・5
TEL 072-232-1489 ／入園自由

古地図で歩く大阪 歴史探訪ガイド

◆索引◆

古地図で歩く　大阪　歴史探訪ガイド

2013年7月15日　　第1版・第1刷発行

著　者　ペンハウス（ぺんはうす）
発行者　メイツ出版株式会社
代表　前田信二
〒102-0093 東京都千代田区平河町一丁目 1-8
TEL：03-5276-3050（編集・営業）
03-5276-3052（注文専用）
FAX：03-5276-3105
印　刷　株式会社厚徳社

●本書の一部、あるいは全部を無断でコピーすることは、法律で認められた場合を除き、著作権の侵害となりますので禁止します。
●定価はカバーに表示してあります。

©ペンハウス ,2013.ISBN978-4-7804-1316-8 C2026 Printed in Japan.

メイツ出版ホームページアドレス　http://www.mates-publishing.co.jp/

編集長：三渡 治　企画担当：大羽孝志　制作担当：堀明研斗